TERRA AUSTRALIS

HEYNE

D1866734

Joachim und Thomas
Fuchsberger

In 47 Tagen rund um Australien

Das Abenteuer **Highway 1**

Joachim und Thomas
Fuchsberger

In 47 Tagen rund um Australien

Das Abenteuer **Highway 1**

Wilhelm Heyne Verlag
München

1. Auflage

Titelfotos: Thomas Fuchsberger, München
Druck und Bindung: Offizin Andersen Nexö, Leipzig

ISBN 3-453-12920-2

Printed in Germany

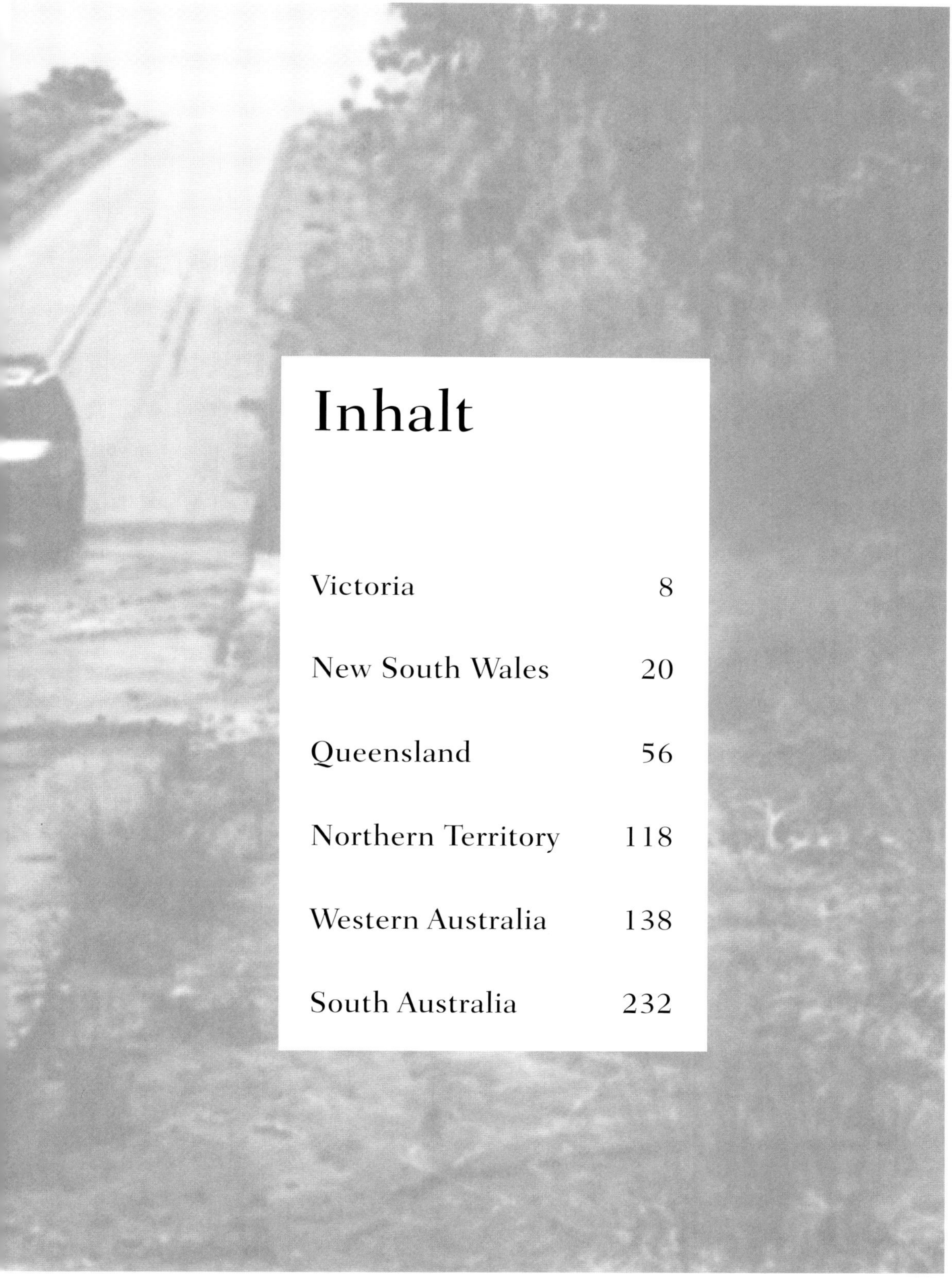

Inhalt

Melbourne, Hauptstadt von Victoria, Skyline am Yarra River.

VICTORIA

Victoria

In 60 Tagen – rund um den Kontinent …? Das haben andere auch schon vergeblich versucht. „Das schafft ihr nie. Keine Chance – no way – you must be mad – ihr seid verrückt!“

Die ehemals deutsche „PETER PAN“ – 33 000 BRT –, heute „SPIRIT OF TASMANIA“. Fährverbindung zwischen Tasmanien und dem australischen Festland.

So, und noch drastischer, ist die Reaktion, wo immer wir unser Vorhaben schildern und um Hilfe bitten. „Da war mal ein japanisches Team, die brauchten fast ein Jahr, um die Strecke rund um den fünften Kontinent zu bewältigen. Das sind an die 20 000 Kilometer, genau die Hälfte einer Erdumrundung am Äquator entlang!“

Das ist uns klar. Wie oft sind wir die Strecke auf den Landkarten mit dem Finger schon abgefahren, haben die Entfernungen

Ankunft im Hafen von Melbourne mit der 33 000 BRT „SPIRIT OF TASMANIA".

zwischen Hotels, Tankstellen, Roadhouses und Service-Stationen studiert, um für das Unternehmen gerüstet zu sein.

Dann kamen die Fachleute: „Ihr kommt durch drei Klima- und vier Zeitzonen. Wann wollt Ihr überhaupt los?" Und da liegt das Hauptproblem. Wir wollen nicht nur, wir müssen unseren Film für die ARD zwischen Februar und April 1996 drehen.

Das Team ist engagiert: Kameramann Robert Heazlewood, Assistent Stewart Long, Toningenieur Brendon Leonard, Musik und Standfotograf Thomas Fuchsberger, Produktion und Finanzen Gundula Fuchsberger, und der Rest bleibt für mich – Buch, Regie und Moderation. Mit Ausnahme meiner Frau sollten alle als Fahrer eingesetzt werden können. Im Durchschnitt haben wir Tagesetappen von 400 Kilometern zu bewältigen – plus Dreharbeit unter allen nur denkbaren Bedingungen.

Je intensiver die Vorbereitungen laufen, desto klarer wird, daß der einzig feststehende Termin der Tag der Abreise sein wird. Sonntag, 4. Februar 1996. Ankunft mit dem 33 000-Tonnen-Fährschiff „Spirit Of Tasmania", das zwischen Tasmanien und dem australischen Festland verkehrt, dreimal in der Woche.

Start der Fahrt rund um den Kontinent soll an der Stelle sein, wo die „Spirit Of Tasmania" im Hafen von Melbourne anlegt. Genau nach Fahrplan, morgens um 8.30 Uhr. Und genau dort wollen wir, wenn möglich, nach 60 Tagen Fahrt rund um den fünften Kontinent, mit zwei brandneuen Range Rovern wieder eintreffen.

Einweisung der Crew am Satellitentelefon an der Start- und Ziellinie im Hafen von Melbourne.

Melbourne, Southgate, Restaurant- und Flaniermeile am Yarra River.

Am Pier steht Charles Beavis mit dem wichtigsten Utensil für unser Abenteuer, einem Satellitentelefon. Drei Handys gehören zur Ausrüstung, aber auf mehr als drei Viertel der Strecke werden sie außer Reichweite sein, also keine Hilfe in Notsituationen.

„Wenn ihr steckenbleibt“, sagt Charles, „in einem Buschfeuer, im Wasser, wenn ihr einen Unfall habt, oder einer von euch einen Arzt braucht, über Satellit könnt ihr zu jeder Tages- und Nachtzeit Hilfe rufen!“

Eine halbe Stunde Gemeinschaftsunterricht am Gerät. Hoffentlich behalten wir, wo, wann welcher Stecker zu stöpseln und welcher Schalter zu bedienen ist. Wir vertrauen Brendon Leonard, dem Toningenieur, und Gundel, meiner Frau, die vor langer Zeit mal

Melbourne – Das Hauptverkehrsmittel der 3-Millionenstadt ist die „Tram".

Melbourne – Flinders Park. Australiens berühmtes Tenniszentrum mit variablem Dach.

Tontechnikerin beim Bayerischen Rundfunk war. Brendon, von irischer Herkunft und mit besonders trockenem Humor versehen, fragt Charles: „Kann ich mit dem Ding meine Mom anrufen?“ Und ohne eine Miene zu verziehen, „sie ruht seit ein paar Jahren in Frieden“.

Melbourne, die Dreieinhalbmillionenstadt am Yarra River, verlassen wir nicht, ohne eine Ehrenrunde um den neuen, noch nicht eröffneten Formel-1-Kurs im Albert Park zu drehen. In wenigen Wochen werden die Gladiatoren der Automobil-Weltmeisterschaft feststellen, daß der vielbeschimpfte neue Stadtkurs eine der schönsten Rennstrecken der Welt ist.

Eine der Attraktionen, um die sich Melbourne ständig bemüht, um nicht hinter dem Ruf Sydneys als Weltstadt zurückzubleiben. Da gibt's das sicher schönste Tenniszentrum der Welt, Flinders Park, mit dem berühmten Schiebedach, und da gibt es Southgate, eine Art Entertainment Center am Ufer des Yarra River.

Während des „Melbourne-Cup“, größtes Pferderennsport-Ereignis des Jahres, stehen die Räder in ganz Australien still, und der Rasen im großen Rund des MCG, des Melbourne Cricket Ground, wurde ebenso heiliggesprochen wie der von Wimbledon.

Und Melbourne wäre nicht das, was es ist, ohne seine Straßenbahn, nach wie vor das Hauptverkehrsmittel der Millionenstadt.

Und dann gehört der Highway 1 uns. Oder wir ihm. Keine Rennstrecke, ganz im Gegenteil. Geschwindigkeitsbegrenzung im Bundesstaat Victoria, wie in allen anderen auch. 110 km/h, und kontrolliert wird gnadenlos, auf der Straße, aus der Luft und hinter Büschen hervor. Die Highway-Streifen sehen gut aus, fahren

„Lakes Entrance" – Die Einfahrt zum Seengebiet an der Ostküste von Victoria.

schnelle BMWs und lassen sich auf keinerlei Diskussion ein. Besser, man hält sich an das „speed-limit", wenn man keine Strafpunkte auf dem Konto haben will. Gar nicht so einfach, wenn der Highway breit und in bestem Zustand vor einem liegt und ein Gefühl vermittelt, als sei man weit und breit allein auf Gottes schöner Welt.

Und in Australien ist sie besonders schön und weit. Die Ostküste Victorias, mit dem Seengebiet bei Lakes Entrance, den Princes Highway hinauf, über die Grenze zu New South Wales, über Eden, Narooma, Batemans Bay nach Nowra, das alles hat eigentlich nicht viel mit Australien zu tun. Relativ dicht besiedelt, urban, könnte es auch in Europa liegen. Und doch entdeckt das Auge diese

Befestigung der Küste von Lakes Entrance gegen die Wellen des Pazifik.

spezielle australische Farbe, eine Mischung zwischen sandgelb, eukalyptusgrün und aquamarineblau, sobald wir die Küste der Tasman Sea bei Lakes Entrance erreichen.

Der erste Tag, 350 Kilometer, das Wetter prächtig und keine besonderen Vorkommnisse. Das erste Motel, „Bellevue Esplanade", erfüllt mehr, als wir erwarten.

Zu den mit allen Schikanen ausgerüsteten Range Rovern gehört eine Gebrauchsanweisung. Betriebsanleitung hört sich vielleicht besser an. „Handbook" steht auf dem vornehm schwarz gehaltenen Einband. Wir hätten uns ernsthafter damit beschäftigen sollen. Heutzutage können solche Fahrzeuge offenbar mehr, als normale Fahrer an technischem Wissen haben. Vielleicht steht deshalb ein

24-Stunden-Service bereit, um Ignoranten wie uns wieder flott zu kriegen. Unser Problem: die Vordertüren lassen sich nicht öffnen.

„Ich hab' das neue Modell selber noch nie gesehen", sagt der Mechaniker. „Wo wollt ihr denn hin ?" Daß wir rund um den Kontinent fahren, beeindruckt in sehr. „Bis ihr in zwei Tagen nach Sydney kommt, kennt ihr die Fahrzeuge besser", sagt er und zeigt uns den kleinen Sicherungshebel, den wir übersehen haben. Alles klar, nichts einfacher als das. Die schwierigeren Fälle kommen später.

NEW SOUTH WALES

North Head – der nördliche Felspfeiler der Einfahrt in den Port Jackson, den Hafen von Sydney.

New South Wales

Dritter Tag. Unser Ziel ist Nowra. Nicht weil wir dort unbedingt hin müssen, sonder weil es fast genau 600 Kilometer sind, eine beachtliche Strecke. In Eden, einem hübschen Fischereihafen an der Twofold Bay, entdecken wir die gute alte „Lady Nelson", ein wunderschöner Zweimaster, der im Hafen von Hobart, Tasmanien, beheimatet ist. Irgend jemand hat sie gechartert, bis hierher nach Eden gesegelt, wo ihr zwar nicht der Wind in den Segeln, aber dem Kapitän das Geld in der Kasse ausgegangen ist.

Die altehrwürdige „Lady Nelson" im Hafen von Eden, Victoria.

Gegen Mittag ein erster, längerer Stopp. Straßenarbeiten. Eine Fahrzeugschlange in flimmernder Luft. Natürlich will man wissen, was wir treiben, woher wir kommen, Und wieder: „In 60 Tagen

Sieben von circa einer Million „Soldaten-Krabben".

rund um Australien? You must be nuts!" Ihr seid wohl nicht ganz dicht! Aber nett gemeint.

Einer sagt: „Wenn ihr nach Narooma kommt, fahrt unbedingt runter zum Strand. Wenn ihr Glück habt, seht ihr, wie Millionen von Soldier Crabs am Strand auf und ab rennen." Soldatenkrabben? Noch nie was davon gehört. Robert, Brendon und Stewart wissen, daß es die gibt. Also hin.

Und sie kommen, die Soldier Crabs, in hellen Scharen, unglaublich. Wirklich eine Armee auf dem Vormarsch. Dann ein Schwenk in die andere Richtung, alle auf einmal, wie auf Kommando, wie Soldaten bei einer langen geübten Parade.

Den Rest des Nachmittags heißt es fahren, entlang der malerischen Küste von New South Wales, über Batemans Bay, Ulladulla und Fals Creek, nach Nowra, am Shoalhaven River. Zum Vergessen, denken wohl alle, als wir um halb acht, müde und hungrig durch Nowra fahren und das Hotel suchen. Aber keiner sagt was. Und was wir finden, ist auch kein Grund zum Jubel. Zimmer „vom Kleinsten", Betten wie Hängematten, von Badezimmer keine Rede, eher Naßzelle mit Dusche für Liliputaner. Und kein Restaurant.

„Wenn ihr was essen wollt", erklärt der Manager, „da gibt's einen Deutschen in der Stadt, der macht gute Steaks, die besten hier in Nowra!"

„Das ist wahrscheinlich relativ", meint Brendon, unser Ire, „wir müssen eben die Zähne zusammenbeißen!"

Die besten Steaks bei Werner Gäbler aus Berlin – direkt am Highway 1, in Nowra am Shoalhaven River.

Werner Gäbler heißt der Wirt, stammt aus Berlin-Tegel, Jahrgang 1927, hat Deutschland 1951 verlassen und fuhr mit hundert anderen Passagieren auf einem italienischen Schiff in fünf Wochen nach Tasmanien. Die Überfahrt wurde vom australischen Staat bezahlt. Gegenleistung – zwei Jahre Dammbau. Mehr war an diesem Abend nicht aus ihm herauszubekommen.

Die Steaks heben die Stimmung. Sie sind gut, sehr gut sogar. Zart wie Butter, vier Minuten auf jeder Seite gebraten, wie sich's gehört. Und wenn ich mich recht erinnere, mit Rosmarin bestreut. Lob nimmt Werner Gäbler milde lächelnd entgegen, bleibt aber maulfaul. Wie ein richtiger Berliner eben. Die große Klappe haben angeblich ja nur die Breslauer Berliner. Ich überrede ihn mühsam zu einem Interview am nächsten Morgen, in seinem zweiten Lokal, direkt unter der Brücke über dem Shoalhaven River, über die der Highway 1 verläuft.

„Wann waren Sie zuletzt in Deutschland?"
„In den letzten vierzig Jahren nur zweimal."
„Also keine Spur von Heimweh?"

„Nee", lacht er, „kein Heimweh – wonach denn? Mir gefällt's hier in Nowra. Nette, kleine Stadt, 22 000 Einwohner mit gutem Appetit. Mir geht's gut. Sieben Jahre hab ich am Great Barrier Reef mit einem selbstgebauten Boot die Leute rumgeschippert, ein bißchen Geld verdient, und dann hier irgendwann eine kleine Bude gekauft, ein altes Bootshaus, und das Restaurant ausgebaut. Das war's."

Wir stellen fest, daß wir fast am gleichen Tag geboren wurden. Er zwei Tage früher als ich.

„Was haben Sie mit fast 70 noch vor?"

„'ne ganze Menge! Jetzt bau' ich eine Hoover Craft, so ein fliegendes Ding, damit will ich noch mal rund um Australien."

„Dafür wünschen wir Ihnen immer drei Fuß Wasser unterm Kiel!"
„Brauch' ich ja nicht, das Ding schwebt doch!"

Von Nowra, über Kiama, sind es bis Sydney nur 169 Kilometer. Eine schlappe Etappe, aber die „blow-holes" in Kiama müssen – wollen – wir sehen. Vom Pazifischen Ozean ausgespült, riesige Löcher in der steilen Felsenküste, durch die die anrollenden Wellen zu Fontänen gebündelt in den Himmel schießen.

Sydney, „Perle am Pazifik". Nicht wenige halten diese Viermillionenmetropole für die schönste Hafenstadt der Welt. Aber damit waren die „Sydney-sider“ nicht so recht zufrieden. Hauptstadt der blühenden Kolonie New South Wales, gut und schön, aber eigentlich wollte Sydney immer die Hauptstadt Australiens sein. Nur dagegen waren die „Melbournites“, was deren gutes Recht war. In den zwanziger Jahren war Melbourne Sitz des australischen Parlaments und damit auch der Regierung. Um dieser „Never ending Streit-story“ den Garaus zu machen, haben sich findige Parlamentarier auf den Weg in den Busch gemacht, um das ACT, das Australian Capital Territory, zu suchen. Sie fanden es auf einem Hochplateau, nahe der Grenze zwischen den Bundesstaaten Victoria und New South Wales. Dort entstand die neue Hauptstadt Canberra. Der Name bedeutet in der Sprache der Ureinwohner, der Aborigines, „Ort der Begegnung“. Und damit war der Streit zwischen den beiden Städten beendet. Nicht aber die Rivalität. Was die beiden Metropolen unterscheidet: Melbourne gibt sich eher konservativ, britisch, vornehm, traditionsbewußt. Sydney ist mehr kosmopolitisch, aufregender, schillernder und hat eben den schönsten Naturhafen der Welt. Und das Opernhaus, und die Harbour Bridge, und den Centre Point, den die Einheimischen „Goldener Sektquirl“ nennen, und – und – und …

Und hier hat auch unsere Australienliebe begonnen. Während wir uns auf dem Highway 1 über Wollongong, Sutherland, entlang der Botany Bay der wie ein Scherenschnitt in den blauen Himmel ragenden Skyline der City von Sydney nähern, denke ich vierzehn Jahre zurück. An eine Begegnung in München, im Haus meiner Schauspielkollegin Luise Ullrich.

Unter den Gästen war ein liebenswürdiger alter Herr aus Australien, Erich Glowatzky, mit seiner Frau Edith. Und da war die Pionierin und Lady der Fliegerei in Deutschland, Elly Beinhorn. Ihr Pendant

Kiama – New South Wales – eines der „Blow Holes“ an der Steilküste.

in Australien heißt Nancy Bird, in den dreißiger Jahren Schülerin der Fliegerlegende Sir Charles Kingsford-Smith. Nach ihm ist heute der Flughafen von Sydney benannt. Davor war es schlicht und einfach das Start- und Landegelände Mascot Airfield.

Und es war Elly Beinhorn, die auf ihrem Flug um die Welt, mit ihrer kleinen einmotorigen „Klemm" als erste Frau unter dem Jubel Tausender flugbegeisterter Zuschauer landete. Unter ihnen war auch Nancy Bird, die die große deutsche Fliegerin bewunderte. Das war 1932.

Erich Glowatzky erzählte mir an jenem Abend in Grünwald, wie er 1935 als Schiffsingenieur auf einem deutschen Frachter nach Sydney kam, abmusterte und als Installateur ein neues Leben begann. Er wurde zu einem der erfolgreichsten Unternehmer Australiens und wurde in den fünfziger Jahren beauftragt, den Cahill Express Way zu bauen, die doppelstöckige Auto- und Eisenbahnauffahrt auf die zum Wahrzeichen der Stadt gewordene Brücke über den Port Jackson, den Hafen von Sydney.

„Wenn Sie mal nach Sydney kommen", sagte er damals, mit immer noch deutlich sächsischem Akzent, „dann rufen Sie mich an!" Das war 1979. Einige Wochen nach dieser Begegnung waren Gundel und ich Gäste von Elly Beinhorn.

„Vielleicht fliegen wir demnächst mal auf die andere Seite der Erde", sagte ich eher beiläufig. Elly, spontan wie eh und je, meinte: „Ich rufe meine Freundin, Nancy Bird, an. Sie soll sich um euch kümmern!"

Zwei Wochen danach bekam ich am späten Abend in Grünwald einen Anruf aus Sydney. Die sächsische Stimme am anderen Ende

An der „Pier One" kann heute jeder zur kurzen Rast anlegen.

sagte: „Ich höre, Sie kommen!" Es war Erich Glowatzky. Nancy Bird hatte nach dem Gespräch mit Elly Beinhorn unseren Namen vergessen. Sie rief den einzigen Menschen deutscher Abstammung, den sie in Sydney kannte, an. „Da kommt einer vom Film und Fernsehen, um den ich mich kümmern soll. Ich hab' seinen Namen nicht verstanden, er ist mit Elly Beinhorn befreundet."

„Der einzige, den ich kennengelernt habe, heißt Fuchsberger."

„Das ist er", sagte Nancy und lachte, „ich weiß nur noch, daß sich der Name in Englisch etwas zweideutig anhört."

Irgendwie sollte es wohl so sein, daß wir den fünften Kontinent kennenlernen. Als wir 1982 zum erstenmal auf dem Kingsford-

Smith Airport eintrafen, waren Erich Glowatzky, seine Frau Edith und Nancy Bird, mit einem Korb Gladiolen aus ihrem Garten, am Flugsteig, um uns besonders herzlich willkommen zu heißen. Es war Liebe auf den ersten Blick zu dem Land und mit den Menschen, die uns begrüßten, der Beginn einer dauerhaften Freundschaft.

Wir fahren die South Dowling Street und die Victoria Street entlang, hinein in die Darlinghurst mitten in Kings Cross, die Reeperbahn Sydneys. Ein Rotlichtbezirk, in dem wir 1988 mit der ersten Folge von TERRA AUSTRALIS begonnen haben. Ich werde nie vergessen, wie ein „Schlepper" vor einem der Sexschuppen unsere Kamera entdeckte, auf uns zukam und leise, aber unmißverständlich erklärte: „Das Leben dauert hier etwas länger, wenn ihr euch weiterbewegt!"

Wir waren zu sechst und hatten zwei Sicherheitsleute engagiert, für alle Fälle.

„Wir drehen einen Dokumentarfilm für das deutsche Fernsehen", begann ich zu verhandeln.

„Oh", sagte mein Zwei-Zentner-Gegenüber, „dann macht weiter, kein Problem, die Deutschen sind mit unsere besten Kunden ...!"

Nur zwei Tage sind für Sydney eingeplant. Inspektion der Fahrzeuge, Aufnahme mit Sondergenehmigung vom Südturm der Harbour Bridge, wie unsere beiden Range Rover, in der zweiten der acht Fahrbahnen, den Hafen überqueren.

In den Straßen der City keine Parkmöglichkeit für Wartepositionen, bis sich das Kamerateam auf dem Brückenturm drehbereit meldet. Stewart und ich kreisen um den Hyde Park. Robert meldet sich

Sydney Harbour Bridge vom Circular Kay.

Sydney – Darling Harbour mit Monorail. Erbaut zur 200-Jahrfeier 1988.

IBM

vom Brückenturm: „Alles klar, ihr könnt kommen!“ Es dauert fast zwanzig Minuten, bis wir endlich in der zweiten Fahrspur den Cahill Express Way erreichen. Über die Brücke und so schnell wie möglich zurück, für eine andere Einstellung. Es dauert eine halbe Stunde, bis wir die anderthalb Dollar am Kassenhäuschen auf der Nordseite berappen. Zurück in die Ausgangsposition und das Ganze noch mal von vorn.

„Wir haben's“, kommt die Meldung von oben, „wir drehen noch ein paar Einstellungen vom Circular Quay und Opernhaus. In einer Stunde treffen wir uns an der Fußgängertreppe zur Brücke in der Cumberland Street.“

Nächster Stopp, Darling Harbour. Vor den Zweihundertjahrfeiern, 1988, ein verrotteter Teil des Hafengeländes. Das Milliardenprojekt zum Geburtstag Australiens wurde zum Schmuckstück der Millionenstadt. Die Monorail fährt im Minutentakt rund um die Pracht von Hoteltürmen, Marinemuseum, Spielkasino, Restaurants und Anlegestellen von Großraumschiffen bis zu Einhandseglern.

Natürlich wollen wir wissen, was sich, vier Jahre vor den Spielen des Jahres 2000, draußen in Homebush tut. Die Halle für die Schwimmwettbewerbe, das Aquatic Centre, ist bereits in Betrieb. Zwei gewaltige Becken unter einem Dach. Auf einer Seite eine vielfältige Wasserlandschaft für jede nur denkbare feuchte Freizeitgestaltung, auf der anderen die sachlich strenge Linie der Bahnen, in denen im Bronze, Silber und Gold geschwommen wird. Jetzt fassen die steil aufragenden Tribünen viertausend Zuschauer, durch Versetzen einer aus beweglichen Elementen bestehenden Wand kommen weitere achttausend Plätze dazu. Sonst ist in Homebush noch nicht viel zu sehen. Ich erinnere mich an eine

Sydney – Darling Harbour.

Besichtigung des Olympiageländes in München, 1970. Carl Maerz, verantwortlich für alles, was auf dem Oberwiesenfeld entstehen sollte, führte Journalisten aus aller Welt durch eine Kraterlandschaft, die nur ahnen ließ, daß in zwei Jahren hier das Stadion sein würde.

Entlang einer der verkehrsreichsten Straßen Sydneys vom Industrievorort Parramatta in die City, ist doch schon eine Menge zu erkennen, was darauf schließen läßt, daß es besondere Spiele werden sollen. Weniger Coca-Cola-Gigantenschau à la Atlanta. Eher die heitere Bescheidenheit von München 1972, bis zu jenem tragischen Terrorakt, mit dem „unseren Spielen die Seele aus dem Leib geschossen wurde“, wie Willy Daume damals sagte.

Auch Sydney sieht Problemen entgegen. Die Aborigines drohen die Spiele 2000 zum Podium ihres Protestes gegen die Verweigerung ihrer Rechte als „traditional owners“ der TERRA AUSTRALIS zu machen.

Mandawuy Yunupingu, der Sänger der weltberühmt gewordenen Aborigine-Rock-Formation Yothu Yindi, beschwor in meiner TERRA AUSTRALIS-Folge „Auf den Spuren der Ureinwohner“ die Versöhnung zwischen seinem Volk und den weißen Siedlern. Davon ist derzeit nicht viel zu spüren. Was den Aborigines im sogenannten Mabo-Urteil vom obersten australischen Gerichtshof vor Jahren an Rechten zugesprochen wurde, macht ein neues Urteil jetzt wieder strittig. Die konsequente Ausübung dieser Rechte, die Erhaltung ihrer Tradition und der Natur, in der sie leben, lähmt die Industrie, vor allen die Minengesellschaften bei der Ausbeutung der riesigen Vorkommen an Eisenerz, Gold, Diamanten und anderer, schier unendlicher Ressourcen auf dem fünften Kontinent.

Noch ist Zeit zur Versöhnung, zum Abbau lange gewachsener Vorurteile. Beide Seiten brauchen aber mehr guten Willen, als derzeit erkennbar ist.

Ich hatte die Ehre, Bundespräsident Richard von Weizsäcker auf seinem Staatsbesuch 1993 durch Australien zu begleiten. Um die Austragung der Spiele 2000 bewarben sich damals auch Berlin und Peking. Berlin, zumindest viele Menschen der neuen deutschen Hauptstadt, ließen erkennen, daß sie die Spiele im Jubel und Trubel nach dem Fall der Mauer eigentlich nicht wollten. Und die Australier machten sich selbst nur wenig Hoffnungen, den

Zuschlag vom IOC zu bekommen. Favorit war eindeutig die Hauptstadt der Volksrepublik China.

An einem sehr schönen Spätnachmittag begab sich die Entourage des Bundespräsidenten zu Fuß vom „Intercontinental-Hotel" zum nahe gelegenen Parlamentsgebäude von New South Wales in der Macquarie Street. Für den offiziellen Besuch bei Premier John Fahey war eine kleine Delegation von fünf Personen auf jeder Seite vorgesehen. Der Protokollchef hatte mich wissen lassen, daß Richard von Weizsäcker meine Anwesenheit wünsche. Als besondere Geste bat Premier Fahey die deutsche Delegation an den Kabinettstisch. Der Gastgeber überließ dem Gast das erste Wort.

Richard von Weizsäcker eröffnete das Gespräch: „Mr. Premier, es ist mir eine Ehre, Sie zu den Olympischen Spielen des Jahres 2000 nach Berlin einzuladen."

John Fahey stutzte einen Augenblick, lächelte und erwiderte: „Herr Bundespräsident, Your Excellency, it is my pleasure to invite you to the games of the year 2000 in the City of Sydney."

Beide zeigten sich als vollendete Diplomaten und wünschten sich gegenseitig Glück für die zwei Wochen später anstehende Entscheidung in Monaco. Eine halbe Stunde später trafen wir die Damen in den Gästeräumen des Parlaments. Meine Frau war im Gespräch mit Marianne von Weizsäcker und Frau Fahey. Mich juckte das Fell, Frau Fahey meine Meinung über den Ausgang dieser Wahl mitzuteilen: „Sagen Sie doch bitte Ihrem Mann, daß er in Monte Carlo den Zuschlag für Sydney erhalten wird."

Sie war perplex. „Wie kommen Sie zu der Meinung? Wir alle glauben, daß Peking die größeren Chancen hat."

„Ich glaube einfach daran", war meine für Frau Fahey wohl wenig überzeugende Antwort. „Ich habe das gleiche Gefühl, wie damals in Rom, als der Münchener Oberbürgermeister, Hans-Jochen Vogel, mir im Restaurant „Piccolo Mondo" nach seiner Präsentation erklärte, warum die Wahl Münchens eher unwahrscheinlich wäre.

„Wollen wir wetten, daß Sie die Spiele bekommen?" Ich mußte wohl übergeschnappt sein.

Es war einer der aufregendsten Augenblicke in meinem Leben, als damals im Foyer des Hotels „Excelsior" an der Via Veneto in Rom die Stimme des IOC-Präsidenten Avery Brundage über Lautsprecher verkündete: „Die Sommerspiele der XX. Olympiade 1972 sind vergeben worden an die Stadt München."

Daran und an vieles, was danach geschah, denke ich auf der Fahrt vom künftigen Olympiagelände zurück in unser Hotel in Sydney. Möge dieser Stadt erspart bleiben, was damals in München geschah.

Sechster Tag unserer Fahrt rund um Australien. Donnerstag, 8. Februar 1996. Wir sind auf dem Pacific Highway, in Richtung Norden, auf dem Weg nach Kempsey. 464 Kilometer, über Newcastle, Taree und Port Macquarie. Newcastle, Industrie- und Hafenstadt, durch ein Erdbeben am 28. Dezember 1989 schwer erschüttert, zeigt kaum noch Spuren von dem Unglück. Hochmodern wurde wieder aufgebaut, was vor wenigen Jahren noch in Trümmern lag. Während der Fahrt durch die Stadt hören wir im Radio, daß wir nur um eine halbe Stunde einem Sturm über Sydney entkommen sind. 170 Häuser wurden zerstört, Bäume

Hafenanlage in Newcastle – Erdbebenstadt von 1989.

Hafenstadt Newcastle – New South Wales.

Port Macquarie – Paradies für Erholungssuchende.

umgeknickt und Straßen wurden aufgerissen. Die Wetterstationen melden mehr als zehntausend Blitzschläge innerhalb von zwölf Stunden. Hinter uns Verwüstung und auch für die Strecke vor uns verheißt der Wetterbericht nichts Gutes.

Nächste Station – Port Macquarie. Am Strand erzähle ich der Kamera unter immer dunkler werdendem Himmel, daß der Ort berühmt ist für das beste Klima Australiens. Wem es sonst wo im Lande zu heiß, zu kalt, zu naß oder zu trocken ist, der kommt nach Port Macquarie. Sagt man. Wir glauben es und fahren weiter. Zu lange allerdings haben wir auf einen Sonnenstrahl für die Aufnahmen gewartet und sind zu spät dran.

In Kempsey wartet eine ganz besondere Fabrik auf uns.

Wir melden uns über Funktelefon. „Beeilt euch", sagt der Boß, Steven Kier, „pünktlich um 17.00 Uhr verläßt die letzte Schicht die Fabrik für ein langes Wochenende." Jetzt ist es 16.10 Uhr, Donnerstag nachmittag und wir sind noch knapp einhundert

Unter den Fittichen von Steven Kier –
208 cm großer Junior-Chef der weltberühmten Akubra Hutfabrik.

Kilometer entfernt, auf dem Highway 1. Breit wie unsere Autobahn, kaum jemand unterwegs, aber Tempolimit 110 km/h. Was soll's? Risiko! Bleifuß und 165 km/h. Vielleicht hilft uns bei einer Kontrolle der Hinweis: deutsche Filmcrew auf dem Weg zu Australiens berühmter „Akubra"-Fabrik. Und dort kommen wir ungeschoren an, um am Fabrikausgang gerade noch zu erleben, wie die Belegschaft ins lange Wochenende enteilt. Das war's dann wohl.

„Akubra" – in der Eingeborenensprache „Kopfbedeckung" – auch ein australisches Wahrzeichen.

Was ein „Akubra" ist? Ein Hut. Der Hut, an dem man einen Australier erkennt. Haben Sie „Crocodile Dundee" gesehen? Was Paul Hogan, Urbild eines Australiers im Busch, in diesem hinreißenden Film auf seinem blonden Schopf als Sonnenschutz hat, das ist ein „Akubra". Es gibt verschiedene Typen von Akubras und verschiedene Typen, die sie tragen. Und getragen wird er überall, denn ohne, sagt man, fühlt sich ein richtiger Australier nackt. Es gibt hohe Akubras und flache, welche mit schmaler Krempe und welche mit breiter, die vorne nach unten und hinten nach oben gebogen werden, oder rundherum nach unten. Je nach Wind und Wetter. Eine besondere Ausgabe, allerdings selbst gebastelt, ist mit beliebig vielen Korken an Schnürsenkeln versehen, um durch einfache Kopfbewegung unvorstellbare Mengen an Fliegen zu vertreiben. Da genügt dann auch der berühmte „australische Gruß“: das Wedeln mit einer Hand rund um den Kopf, nicht mehr.

Jetzt sind wir zu dem Ort, wo dieses Kunstwerk aus Kaninchenhaar hergestellt wird. Im Büro der Fabrik treffe ich den Juniorchef des Unternehmens, Steven Kier. Eine beachtliche Figur von beeindruckender Breite und einer Länge von 208 Zentimetern. Mit der hat er wohl einige seiner Arbeiter dazu bewogen, auf die ersten zwei Stunden ihres langen Wochenendes zu verzichten.

„Ihr könnt ja wohl nicht bis Montag warten, wenn ihr in 60 Tagen rund um Australien wollt. Und wir zeugen euch gerne, wie ein Akubra gemacht wird.“

Das ist entgegenkommend und unternehmerisch gedacht.

„Kein Problem mit der Gewerkschaft?“
„Wir haben hier keine, unsere Arbeiter haben einen Hausvertrag.“
„Ist das die größte Akubra-Fabrik in Australien?“
„Die größte der Welt“, lacht Steven, „weil wir die einzige sind.“
„Also ein Monopol, keine wirtschaftlichen Sorgen?“
„Bis jetzt nicht. Wir sind gut organisiert, arbeiten in der fünften Generation und stellen sechstausend Hüte in der Woche her.“
„Und wie viele verkaufst du davon?“

„Na alle!"
„Bei 17 Millionen Australiern müßte der Bedarf ja langsam gedeckt sein?"
„Ich weiß nicht, ob alle einen tragen, aber haben müßte eigentlich jeder einen."

Der Marsch durch die Produktion beginnt. Da wird gewässert, geschleudert, gepreßt und getrocknet. Geformt, gefärbt, gebügelt und geschnitten. Am Ende der langen Reihen mit vornehmlich deutschen Maschinen wird geschliffen, gebürstet, getestet, gezählt, gepackt und endlich gestapelt. Ein Berg von neuen Akubras liegt vor mir, um jeden nur denkbaren Kopf vor der sengenden Sonne Australiens zu schützen.

„Woher kommt der Akubra?"
„Von den Aborigines, er bedeutet Kopfbedeckung."

Ganz einfach.

„Werden Sie noch wachsen?", frage ich Steven Kier und meine eigentlich das Unternehmen.
„Nein", lacht der Zweimeteracht-Riese, „mir reicht's!"

Uns reicht es auch für diesen Tag. 500 Kilometer Fahrt mit Dreharbeiten auf der Strecke und hier in der feuchtheißen Fabrik, wir haben unseren Feierabend verdient. Unseren Dank für die Überstunden beantwortet Steven typisch australisch: „No problem" – kein Problem und wartet freundlich lächelnd darauf, daß er hinter uns das Fabriktor schließen kann.

Unsere Autos springen nicht an. Beide nicht. Auf den Monitoren am Armaturenbrett, so groß wie kleine Fernsehbildschirme, steht „Engines demobilized" – Motoren abgeschaltet. Was tun? Handbücher raus. Computerchinesisch. Wo immer wir drehen, drücken, ziehen, nichts tut sich. Wir hängen fest. Anruf beim 24-Stunden-Service in Sydney.

„Wo seid ihr?"
„In der Akubra-Fabrik in Kempsey, New South Wales."
„Was ist das Problem?"
„Beide Fahrzeuge springen nicht an."
„Was sagt der Monitor?"
„Motoren abgeschaltet."
„Waren die Fahrzeuge abgeschlossen?"
„Nein, wir haben hier in der Fabrik gedreht."
„Habt Ihr die Zündschlüssel steckenlassen?"
„Natürlich, wir sind ja auf dem Fabrikgelände."
„Wie lange waren die Schlüssel im Zündschloß?"
„Seit wir hier sind, drei Stunden ..."

„That's it", lacht der nette Mensch am anderen Ende der Leitung, „die Computer schalten den Zündkreis ab, wenn die Schlüssel länger als eine Viertelstunde im Schloß stecken und der Wagen nicht gestartet wird. Der Computer nimmt an, daß die Schlüssel vergessen worden sind. Damit kein Unbefugter die Fahrzeuge starten kann, schaltet er ab. Steht aber im Handbuch!"

„Und was machen wir jetzt?"
„Ihr müßt mit dem Zündschlüssel am Türschloß die Computer neu programmieren."

Das war ein komplizierter Vorgang, den ich aus verständlichen Gründen hier nicht erklären möchte. Andere Range-Rover-Besitzer werden mir dankbar sein. Aber der gute Rat an alle: Moderne Fortbewegungsmaschinen haben ein technisches Niveau erreicht, dem nicht jeder Fahrer mehr auf Anhieb gewachsen zu sein scheint. Deshalb: Vor der Freude am Fahren steht die Mühsal der Lektüre des Handbuchs. Es lohnt sich, glauben Sie mir.

Der verspätete Empfang im „All Nations Halmark Inn Hotel" in Kempsey ist herzlich, das Essen vorzüglich, die Zimmer hübsch, und alles ist gut, für diesen Tag. Nicht aber der Wetterbericht für den nächsten.

Freitag, 9. Februar. Eine Woche sind wir unterwegs und haben begriffen, daß wir uns für den Rest des Unternehmens in der Diskrepanz zwischen Organisation und Zufall bewegen werden. Wir haben jeden Tag ein Ziel, ob wir dort ankommen, wissen wir erst, wenn wir da sind. Wir haben Verabredungen, ob wir sie einhalten können, ist ungewiß. Das war die größte Schwierigkeit bei der Vorbereitung. Die Frage „Wann kommt ihr?" konnte ich immer nur mit „Wir wollen – wir denken – wir versuchen, am ..." beantworten. Nicht gerade dienlich für die präzise Einhaltung eines Fahrplans wie dem unseren. Besonders beliebt waren deswegen auch die Hotelbuchungen. „Ein Doppel- und vier Einzelzimmer, wir wissen aber nicht, ob wir's schaffen!"
„Wer kommt für die Unkosten auf, wenn nicht?" Bei dieser Frage bekam meine Frau immer schmale Augen.

Die „Today Show" in einem der vier Fernsehkanäle, jeden Morgen von 7.00 Uhr bis 9.00 Uhr, ist eine Institution, die Moderatoren, Steve Liebman und Elizabeth Hayes, sind Stars, wir sehen sie seit unserer Ankunft in Australien anno 1982. Diese „Infotainment Show" ist für mich eine der bestgemachten ihrer Art. Eine gelungene Mischung zwischen gutem Journalismus und fast privater

Aus dieser Bude drang der „Meat Pie" – Ruhm von Nola Turnbull bis nach Japan.

Studioatmosphäre. Was geschieht in der Welt und was vor deiner Haustüre?

Im Januar wurde ein Bericht über eine erstaunliche, typisch australische Karriere gezeigt. Kaum zwanzig Kilometer nördlich von Kempsey liegt ein Flecken, der den Begriff Ort kaum verdient, Frederickton. Ein paar Häuser, zurückliegend links und rechts vom Highway 1 und eine unscheinbare Bude mit übergroßer Werbung für ein unbegreiflich erfolgreiches Getränk, dessen Hersteller auch Olympische Spiele finanziert. Diese Bude liegt unmittelbar am Highway, so nah, daß die davor geparkte Autoschlange den Verkehr behindert. Sie gehört Nola Turnbull. Mit ihr sind wir verabredet, und wir sind pünktlich.

Nola, mittelgroß, schlank mit einer leisen Stimme und wachsamen Augen, schreibt ihren Erfolg übernatürlichen Kräften zu.
„Not in my wildest dreams", nicht in meinen kühnsten Träumen, sagt sie, „habe ich mit diesem Erfolg gerechnet."
„Wie hat es denn angefangen?"
„Na ja, mein Mann und ich haben eine Eisdiele gekauft und es ging auf den Winter zu. Wir haben schnell gemerkt, daß etwas Warmes besser zu verkaufen ist. Ich hab' angefangen, ‚meat-pies' zu backen. Fleischpasteten. Erst mal nur zwei Sorten, mit Hackfleisch und Nieren. In meinem Küchenbackofen. Und die waren immer sehr schnell weg. Ich hab' sie nach Rezepten von meiner Mutter gemacht. Sie müssen wohl gut gewesen sein, die ersten Kunden kamen wieder und wollten immer mehr. Auch zum Mitnehmen, für Parties oder zum Einfrieren. Dann hielten die ersten ‚Road Trains' vor der Tür. Das hat sich unter den Fernfahrern schnell herumgesprochen."
„Und alles mit deinem Küchenbackofen?"
„Na ja", sagt Nola, „zuerst schon, aber dann wollten die Kunden immer mehr und sie wollten immer andere Füllungen. Also fing ich an auszuprobieren. Mit Känguruh, Emu, Krokodil, Wild und was sonst so rumläuft.

Inzwischen sind es hundertzwanzig verschiedene Sorten. Mit Gemüse, Obst und Käse, süß, sauer und scharf. Natürlich brauchte ich mehr Öfen. Also haben wir neue dazugekauft und einen neben den anderen gestellt. Ihr könnt euch das da drin ja mal ansehen."

Wir sitzen draußen an einem kleinen, runden Tisch, unter einem Sonnenschirm mit der Reklame einer Getränkefirma, nur ein paar

Nola Turnbull – die „Pastetenkönigin von Kempsey" – direkt am Highway 1.

Meter entfernt vom Verkehr auf dem Highway. Die parkende Autoschlange beiderseits wird immer länger.

Im Verkaufsraum, ich will ihn mal so nennen, drängen sich Nolas Kunden vor einer prächtigen Glasauslage, in der in Fülle liegt, was goldbraun gebacken aus Nolas Küchenbacköfen am laufenden Band herauskommt und dem Betrachter das Wasser im Mund zusammenlaufen läßt.

Wir kommen nur schwer durch das Gewimmel der gierigen Kundschaft, die es an mehr oder weniger humorigen Bemerkungen über unsere Anwesenheit nicht fehlen läßt. Der Laden brummt. Sechs Öfen zähle ich, in denen auf drei Lagen gebacken

In 60 Tagen rund um Australien ...?
Australische Fernsehteams auf der Spur der „verrückten Deutschen".

wird. „Rund um die Uhr", wie Nola sagt, „in der Nacht auf Vorrat, am Tag für die Laufkundschaft."
„Stimmt es, daß Sie Ihre ‚meat-pies' bis nach Japan exportieren?"
„Noch nicht, aber wir denken daran. Zwei weitere Läden haben wir schon aufgemacht, damit schaffen wir gerade den hiesigen Bedarf."

Eine erstaunliche Frau, diese Nola Turnbull. Sie kümmert sich um alles, arbeitet viel und schläft wenig, sagt sie, ganz leise und sehr bescheiden. Wie schafft sie das, will ich wissen. „Sheer determination", reine Entschlossenheit. „Ich hab' was angefangen, eine Lücke entdeckt, und jetzt versuche ich das Beste aus der Chance zu machen, die ich bekommen habe. Aber manchmal glaube ich immer noch, ich träume."

Vielleicht steht bald, irgendwo in der Gegend bei Kempsey, eine Fleischpastetenfabrik, die hundertzwanzig verschiedene Sorten von Meat-Pies per Luftfracht in die Welt verschickt. Zutrauen würde ich es dieser Nola Turnbull.

Australien, das Land der Marktlücken? Ich glaube ja. Wer sie mit Entschlossenheit und offenen Augen sucht, hat die Chance, sie zu finden.

Nächster Drehort ist das „Trial Bay Gaol". Gaol heißt Gefängnis und wird ausgesprochen wie „jail". Dieses hier liegt fast unauffindbar irgendwo an einer Steilküste. Eine Ruine, gebaut 1850. Graue Quadersteine, verfallene Zellen, enge, menschenunwürdige Löcher, verrostete Gitter. Ein deprimierender Ort, der nicht auf unserer Liste steht. Bis ich zufällig erfuhr, daß das verfallene

„Trial Bay Goal" bei Kempsey – New South Wales.

„Trial Bay Goal“ – in dieser 1850 errichteten Festung an der pazifischen Steilküste schmachteten im 1. Weltkrieg internierte deutsche Einwanderer.

Gemäuer nach Ausbruch des Ersten Weltkriegs, 1914, dazu ausersehen war, dort alle Deutschen im Lande zu internieren. Alle, auch bereits in Australien geborene Nachkommen deutscher Einwanderer aus dem vergangenen Jahrhundert. Der uns zugeteilte „guide" macht keinen Hehl daraus, daß die Überlebensbedingungen im Trial Bay Gaol höchst fragwürdig und, vom humanitären Standpunkt betrachtet, ausgesprochen unaustralisch waren. Ob es diese Erkenntnis war oder das unablässige Bemühen eines der Internierten, des deutschen Arztes Dr. Hirsch, irgendwann erlaubten die geängstigten Bewacher, daß ein Krankenhaus, eine Schule und letztendlich sogar eine Art Theater eingerichtet werden durften.

Eine Art Wiedergutmachung für Trial Bay Gaol – die Atmosphäre hat die gute Laune im Team doch etwas gedrückt – wird Byron

Leuchtturm an der Steilküste von Byron Bay – New South Wales.

Bay. Das Wetter ist so schön, wie die Vorhersage schlecht war. Die können es also auch nicht besser als bei uns daheim. Bei 28 Grad Celsius und einem blauen Himmel, wie man ihn nur hierzulande sieht, springt einen die Lebensfreude regelrecht an. Byron Bay ist ein Badeort mit Aufrißcharakter. Viel junges Volk, braune Haut und kontaktfreudige Augen. Endloser weißer Strand, vor dem, in allen Farben leuchtend, unzählige Surfer in guter Brise weiße Striche in die langanlaufende Brandung ziehen. Ein Bild zum Malen.

Zu mehr als einem kurzen Lunch in der Szene reicht unsere Zeit nicht. Am 8. Tag haben wir uns 600 Kilometer vorgenommen, über die Grenze von New South Wales nach Queensland, dem „Sunshine State". So steht's auf den Nummernschildern der Automobile. Eine gute Idee. Alle Bundesstaaten des australischen Commonwealth haben sich für ihre Autokennungen etwas ausgedacht, von dem sie meinen, es sei für Staat und Leute typisch. Tasmanien – The Holiday Island – Die Ferieninsel; Victoria – The Premier State; Süd-Australien – The Festival State. Ich wüßte gerne, womit sich die Menschen und Regierungen unserer Bundesländer identifizieren würden.

QUEENSLAND

Kunst am Bau …
Unserer Range Rover vor einer Wandbemalung in Charters Towers – Queensland.

Queensland

Der Grenzort zwischen New South Wales und Queensland ist Coolangatta. Mitten in Ort fahren wir also vom Premier State in den Sunshine State – und filmen dabei aus dem offenen Schiebedach. Fahraufnahmen sind für einen Fernsehfilm eine dramaturgische Notwendigkeit. Dafür hat die Polizei allerdings kein Verständnis. Zwei wie aus dem Ei gepellte Motorradstreifen fahren eine Weile hinter uns her, überholen, winken uns an den Straßenrand. Einer bleibt hinter uns, der andere parkt sein hochglanzpoliertes Geschoß direkt vor unserem Kühler. Robert ragt mit dem ganzen Oberkörper aus dem Sonnendach hinaus, die Kamera auf der Schulter. Gemessenen Schrittes, ihrer Macht bewußt, bauen sich die beiden Polizisten links und rechts an den geöffneten Fenstern auf. Undurchdringliche Mienen, unsichtbare Augen hinter schwarzen Sonnenbrillen. Der an der Fahrerseite beginnt den Dialog: „Was denkt ihr, was ihr hier tut?"

„Wir drehen einen Dokumentarfilm für das deutsche Fernsehen!"
„Nichts, was mich weniger interessieren könnte", sagt der unter Helm und Brille vermummte Hüter des Gesetzes. „Ihren Führerschein bitte!"
„Haben wir irgend etwas Verbotenes getan?" will Stewart wissen.
Robert reicht die Kamera durch das Dach herunter zu mir auf den Rücksitz.
„Irgendwas?" echot der Beamte „Sie riskieren das Leben vieler Menschen unserer Stadt und fragen, ob Sie was Verbotenes tun?"
Der macht keinen Spaß, da ist kein humoriger Unterton in der Stimme. „Erstens", dabei nimmt er Robert ins Visier, der immer noch aus der Dachluke ragt, „steht der Mann auf dem Sitz, auf

dem er angeschnallt sitzen sollte. Zweitens ist die schwere Kamera nicht gesichert. Bei einem schnellen Stopp kann sie ihm aus den Händen geschleudert werden und einen Fußgänger erschlagen. Und drittens, haben Sie überhaupt eine Genehmigung für die Aufnahmen?"
Wir haben keine. Und jeder Versuch, zu erklären, was unser Problem ist, wird im Keim erstickt.
„Das sind alles eure Probleme, nicht meine. Ich habe hier dafür zu sorgen, daß so was unterbleibt!"

Das ist so gesagt, daß wir mit dem Schlimmsten rechnen müssen. Beschlagnahme der Ausrüstung? Einziehung von Stewarts Führerschein? Vorübergehende Festnahme des ganzen Teams? Während der Polizist mit undurchdringlicher Mine irgend etwas schreibt, denken wir stumm an die möglichen Konsequenzen. Weitere Erklärungen unsererseits sind sinnlos, dem schreibenden Zerberus und auch dem auf der anderen Wagenseite wortlos wartenden Helm- und Brillenträger gegenüber.

Wir harren einfach ergeben auf das bevorstehende Ungemach. Die handelnde Hauptfigur reicht zwei Zettel durch das Fenster: „Dagegen können Sie Einspruch erheben, schriftlich, innerhalb der angegebenen Zeit, beim Transport Department in Brisbane. Ich würde vorschlagen, weitere Aufnahmen dieser Art zu unterlassen!"

Das ist kein Vorschlag, das ist ein klarer Hinweis auf das, was geschehen wird, wenn wir seinem Vorschlag nicht folgten. Die beiden Zettel besagen, daß Robert Heazlewood, Kameramann, wegen verkehrswidrigen Verhaltens und Gefährdung der öffentlichen

Brisbane – Hauptstadt von Queensland.
Skyline und neu erbaute Stadtautobahn am Brisbane River.

Sicherheit $ 110 und Stewart Long, Fahrer, wegen Duldung dieser Vergehen $ 65 zu zahlen haben.

„Können Sie uns einen Rat geben, was wir tun müssen, um weiterdrehen zu können?"

Der Strafengel würdigt uns keines Blickes mehr. Der andere, bisher Unbeteiligte, hat offenbar Erbarmen.

„Gehen Sie in Brisbane auf das Polizeipräsidium und beantragen Sie eine Sondergenehmigung mit entsprechenden Auflagen für die Sicherheit. Not easy to get – but good luck." Nicht leicht zu kriegen – aber viel Glück. Ein halbwegs versöhnliches Ende in Coolangatta mit einem Problem für Brisbane.

Der Mensch, der sich im Police Department in Brisbane nach einstündiger Wartezeit endlich für uns verantwortlich und zuständig fühlt, muß wohl selbst mal beim Film gewesen sein. In den schrecklichsten Farben malt er ein präzises Bild von haarsträubenden Unfällen, wie sie bei Dreharbeiten immer wieder vorkommen. Bei dieser Schilderung zeigt seine Stirn eine beeindruckende Anzahl von Sorgenfalten.
„Stellen Sie sich vor", er wendet sich direkt an mich, „Sie drehen in einer verkehrsreichen Hauptstraße, um die Mittagszeit. Viele Fußgänger sind auf dem Weg aus den Büros zum Lunch. Sie fahren dicht am Gehweg entlang. Da fällt Ihnen was auf, Sie sagen Ihrem Fahrer, er soll anhalten. Da er konzentriert auf Ihre Anweisung als Regisseur hört, stoppt er sofort, hart." Die zerfurchte Stirn wendet sich Robert zu.
„Sie, als Kameramann, erschrecken, der Ruck reißt Ihnen das schwere Gerät aus den Händen, die Kamera fliegt in die Passanten, reißt einigen von ihnen die Köpfe ab!"

Er schließt die Augen bei dieser Vorstellung. Wir fühlen uns ehrlich unbehaglich.

„Sind Sie versichert?" wendet er sich wieder an mich. Ich atme auf. Als verantwortliche Produzentin hat meine Frau auf einer hohen Versicherungssumme bestanden. Ich krame die Police aus meinen Unterlagen und zeige sie ihm.

„Auf 5 Millionen Dollar!"

Der Mann nickt. Die Summe scheint ihm für eine unbestimmte Anzahl abgerissener Köpfe auszureichen.

„Also gut", sagt er, „wir werden Ihnen eine Sondergenehmigung für Filmaufnahmen aus dem geöffneten Sonnendach ausstellen, in der festgelegt ist, welche Sicherheitsvorkehrungen zu beachten sind."

Damit greift er nach einem Formular, trägt ein paar Zahlen ein und reicht es über den Schaltertisch.

„Zahlen Sie das im dritten Stock ein und kommen Sie wieder zu mir zurück. Die Genehmigung können Sie übermorgen ab 9.00 Uhr hier am Schalter abholen."

„Sir", sage ich und hoffe, ihn damit milde zu stimmen, „übermorgen sind wir schon Maryborough, wir wollen in 60 Tagen rund um ganz Australien und sind nur heute und morgen hier in Brisbane. Können Sie uns helfen?"

Vielleicht verstand er doch irgend etwas von der Filmerei. „Also gut, dann kommen Sie in zwei Stunden wieder." Das war geschafft.

Am gleichen Abend noch fahren wir mit unserer Genehmigung durch die Straßen von Brisbane. „PERMIT" steht oben drüber, dann kommen die Bedingungen.

Der Kameramann muß, auf dem Sitz stehend, durch ein Brustgeschirr fest mit dem Auto verbunden sein.

Die Kamera muß gesondert gesichert werden und sollte eine feste Unterlage auf dem Autodach haben. Der Wagen muß als Filmaufnahmefahrzeug gekennzeichnet sein. Und natürlich haben wir, wie alle anderen, die Verkehrsregeln streng zu beachten.

Das Geschirr für Robert ist immer dabei, seit ich ihn bei dem Film über Tasmanien bei Hubschrauberaufnahmen über dem Franklin

River beinahe verloren hätte. Die Kamera wird mit einem Seil am Dachträger festgezurrt, und daß wir ein Filmaufnahmefahrzeug sind, dokumentieren wir durch Einschalten der Warnblinklichter. Kontrolliert werden wir bei allen nachfolgenden Aufnahmen nicht mehr, was uns fast beleidigt.

Vom Hotel aus müssen die nächsten Etappen organisiert werden. Gundel sortiert Rechnungen, macht Buchhaltung. Wir sitzen im 13. Stock des „All Seasons Abbey Hotel". Plötzlich wird meine Frau unruhig. „Ich hab' das Gefühl, der Boden wackelt!"

Ich fühle nichts, weiß aber, daß Gundels Gefühle nicht zu ignorieren sind.

„Er wackelt", sagt sie, holt ein Glas, füllte es mit Wasser und stellt es auf den Boden. Das Wasser im Glas vibriert erheblich. Ein Erdbeben? Wir einigen uns darauf, daß die Züge im gegenüberliegenden Hauptbahnhof dafür verantwortlich sind. So ganz zufrieden ist sie nicht. Das Telefon läutet, lenkt uns ab. Es ist Brendon.

„Unser Wagen läuft nicht mehr. Wir haben alles versucht, nichts zu machen. Wie ist die Nummer vom 24-Stunden-Service?" Ich bin alarmiert. „Kommen wir heute noch nach Surfers Paradise?"

„Nicht, wenn die uns nicht wieder flott kriegen, mit der bloody Computertechnik!"

Das würde alles über den Haufen werfen, was wir gerade mühsam zu organisieren versucht haben. Das Erdbeben ist vorübergehend vergessen.

„Soll ich den Service anrufen?"

„Das hilft uns nicht weiter", sagt Brendon, „Du sitzt im Hotel. Wir können tun, was die uns vorschlagen." Natürlich hat er recht.

Und dann warten wir. Das Wasser im Glas vibriert weiter. Soll ich den Drehtag in Surfers Paradise absagen? Auf morgen früh verlegen? Kommen wir dann noch rechtzeitig nach Maryborough und später zu den Walen in Hervey Bay? Ich gehe auf den winzigen Balkon im 13. Stock, sehe tief unten eine Güterzug durch den Bahnhof fahren. Der Balkon vibriert leicht. Also doch kein Erdbeben. Gundel gibt sich zufrieden. Es ist heiß in Brisbane, an die 40 Grad Celsius. Vielleicht auch zu heiß für die Computer in den Fahrzeugen? Was soll dann erst werden, wenn wir in ein paar Tagen über den „Tropic of Capricorn", den Wendekreis des Steinbocks, in die tropische Zone Australiens einfahren? Bei diesem Gedanken auf dem vibrierenden Balkon sehe ich plötzlich tief unten auf der Straße unseren Wagen kommen. Der 24-Stunden-Service hat wieder geholfen.

Brendon ist alles andere als fröhlich. „Wir sind für die langsam, aber sicher so was wie eine Lachnummer", mault er.

„Was war's denn diesmal?"

„Du wirst es nicht glauben, aber nachdem wir so ziemlich alles durch hatten, fragt mich der Bursche, ob da vielleicht irgendwo ein Fernsehturm, eine Relaisstation oder etwas ähnliches in der Nähe sei. Ich klettere also hoch und was sehe ich, tatsächlich, ein paar hundert Meter weg, auf einem der Wolkenkratzer, so ein paar Riesenschüsseln an einem Stahlmast."

„Das muß es wohl sein", sagt der Mensch vom 24-Stunden-Service, „die Frequenzen stören vermutlich euren Computer. Bringt das

Brisbane City Highrise.

„Surfers Paradise“ an der Goldcoast – Queensland.

Fahrzeug aus dem Einfallswinkel, manchmal genügen ein paar Meter, und versucht zu starten."

Es gelang!

Offensichtlich verfügen Iren über ein stattliches Reservoir an Flüchen. Nachdem Brendon das seine der übrigen Mannschaft zu Gehör gebracht hat, fühlt er sich besser und macht einen brauchbaren Vorschlag.

„Laß uns die verdammten Computer doch einfach loswerden!"

In der Rover-Vertretung in Brisbane grinst der Werkstattleiter. „Wir haben noch ein paar hier mit dem gleichen Problem. Wenn wir die Computer deprogrammieren, sind aber alle Sicherheitscodes gelöscht. Seid ihr euch darüber klar?"

Wir sind es und wollen es so. Von Stunde an laufen unsere Range Rover wie Präzisionsuhrwerke, der 24-Stunden-Service wird uns vermissen.

Die Goldküste, Surfers Paradise. Ferieneldorado der Australier, Badeparadies für wintermüde Europäer. Sieht aus der Ferne aus wie Manhattan, aus der Nähe auch. Wolkenkratzer säumen enge Straßenschluchten, Verkehr, Stoßstange an Stoßstange, buntes Volk aus aller Herren Länder. Wir waren vor acht Jahren schon einmal hier. Der Unterschied von damals zu heute: Noch mehr Hochhäuser, vornehmlich mit luxuriösen Apartments, von denen viele leer bleiben, weil sie zu teuer sind. Mehr Läden, mehr Restaurants, mehr Hotels. Aber weniger Menschen an den Stränden. Ein Einheimischer klärt uns auf: „Seit das riesige Spielkasino eröffnet wurde, verzocken die Leute ihr ganzes Geld, so daß für die Ferien kaum was übrigbleibt!" Surfers Paradise?

Eines der „Traumhäuser“ in Maryborough – Queensland.

Maryborough – Queensland. Privathaus um die Jahrhundertwende.

Idylle am Mary River – Queensland.

Stadtpark von Maryborough – Queensland.

Nach 3000 Kilometern erwischt uns der erste Regen. Tut gut! Darf nur nicht zu lange dauern. Der Weg nach Norden geht bis Maryborough ohnehin nicht an der Küste entlang, ein schönes Panorama, weiße Segel auf blauem Meer, ist aber nicht zu erwarten. Der elfte Tag bleibt naß, wir stellen die Tempomatic auf 110 km/h und ziehen weiße Gischtwolken hinter uns her. Kommunikation zwischen beiden Fahrzeugen mit leistungsstarken Walky-talkies: „Habt ihr euer Radio an?"

„Nein, warum?"

„Im Norden bildet sich ein Zyklon. Die Leute werden aufgefordert, ihre Fenster zuzunageln. Die reden von Stürmen bis zu 120 km/h!"

„Sollen wir unsere auch zunageln?" fragt Thomas zurück. Mein Sohn fährt den zweiten Wagen.

Bei Sonnenschein erreichen wir Maryborough. Vom Zyklon keine Spur. Eine kleine Stadt, die aussieht, als sei die Zeit über sie hinweggegangen. Liebevoll gepflegte Vorgärten vor typischen Queensland-Häusern. Vorgezogene Dächer, umlaufende Verandas, die zweigeteilten, vertikal laufenden Schiebefenster, und dies alles eingerahmt von einer überquellenden Blumenpracht. Die Welt scheint hier in Harmonie zu schlummern. Im Stadtkern die prächtigen Repräsentationsbauten der fünfziger Jahre des letzten Jahrhunderts. Das Maryborough State House, mit dem Bowling Green an der Kent Street, das Court House im Queenspark an der Walker Street, die hinunterführt zum Mary River.

Was wir suchen, ist ein Geheimtip. Irgendwo in diesem malerischen Ort soll sich eine Art Museum verstecken. Das älteste im Originalzustand erhaltene Warenhaus Australiens,

Australiens ältestes „Warehouse": The Geraghy Store in Maryborough – Queensland.

Ken Brooks – ehemaliger Koch – jetzt Manager des nostalgischen „Geraghy Store Museum".

Geraghy Store Museum.

Schaustück im Geraghy Museum – Piano von 1862.

Ein unmißverständliches Zeichen von Robert holt mich aus meiner „Tante-Emma-Laden"-Verzückung zurück. Ich war beeindruckt vom C. Geraghy Warehouse und seinem liebenswerten, leisen Manager Ken Brooks, in Maryborough, der Stadt aus der Vergangenheit.

Der zwölfte Tag endet nach 450 Kilometern Fahrt in Hervey Bay. Selten genau, aber dort sind wir fest verabredet mit Barry Seymour, Kapitän und Besitzer eines 13 Meter langen, hochseetüchtigen Motor-Catamarans und Experte für „Whalewatching". Seit Jahren fährt er mit Passagieren hinaus in die Meeresstraße zwischen dem Festland und Fraser Island, der größten Sandinsel der Welt. Diesen fast 50 Kilometer langen Meeresstreifen haben sich

Geraghy Store Museum.

„The C. Geraghy Warehouse". Wir finden es zur Mittagszeit. Die Vordertür ist verschlossen, wir versuchen unser Glück durch den Garten, hinter dem Haus. Ein halb offenes Holztor führt in einen dunklen Lagerraum. Fässer, Kisten, Gerät, alles aus längst vergangener Zeit. In der Ecke eine windschiefe Tür. Ich klopfe.

„Come in!" Vor einem Computer sitzt ein junger Mann.

Auf den ersten Blick eine bemerkenswerte Erscheinung. Dünn wie ein Strick, große, dunkle Augen in einem fast durchgeistigten Gesicht, eingerahmt von einem langen rötlichen Bart. Ich sage ihm, wer wir sind und was wir wollen.

„Ich bin Ken Brooks", sagt er mit leiser Stimme, „der Manager des Warehouse-Museums." Er schaltet seinen Computer ab. Ob wir später wiederkommen sollen, nach seiner Mittagspause?

„Nein", sagt Ken und bleibt ganz leise, wenn wir uns schon durch den Hintereingang hereingeschlichen hätten, könnten wir auch gleich dableiben. Er ist gern bereit, uns alles zu zeigen. Der junge Mann beeindruckt mich.

Draußen wartet das Team. „Da drinnen sitzt eine Art Ersatz-Christus", sage ich, mir fällt kein besserer Vergleich ein. Ich glaube, wir haben ein Juwel gefunden." Und Ken führt uns durch seine kleine Welt, wie selten noch eine irgendwo zu finden ist. Alles, ohne Ausnahme, stammt aus der Zeit, in der der Laden betrieben wurde. Von 1871 bis 1972. Und es sieht so aus, als ob lediglich die Mittagspause zu Ende gehen müßte, damit die Türe zur Straße sich öffnet und die Kunden wieder hereinkommen wie einst.

Im Lagerraum die alten Kisten und Fässer, ja die alten Flaschen mit Doppel-Stout-Bier, Petroleum für die Dochtlampen, Jutesäcke mit Tee, Kaffee, Tabak und Korn.

Ein schmaler Durchgang führt zum Kontor. „Hast du so was schon mal gesehen?“ fragt Ken sichtlich stolz auf seine Schätze. Ich sehe den Buchhalter mit Ärmelschoner, Federkiel, im Schein einer Petroleumlampe seine Eintragungen ins alte Register schreiben, den kreisenden Messingventilator gegen die heiß-stickige, nach Staub und Gewürzen riechende Luft an der Decke über sich. Da liegen mit gebrochenem Siegel die alten Warenavise aus fernen Ländern, da steht die Registratur mit geöffneten Schubladen, ein Büromöbel von 1865 und als modernes Utensil eine Underwood-Schreibmaschine von 1920. Der Verkaufsraum ist langgestreckt, ein Mitteltisch und Theken an den Außenwänden. Dahinter Regale, von der Decke bis zum Boden aus dunklem Holz. Was da drin steht, läßt mein Herz höher schlagen. Ich fühle mich auf einmal sehr wohl, erinnert an meine Kindheit in den frühen dreißiger Jahren, wenn meine Mutter mich zum Einkaufen mitnahm.

Da steht eine Reihe wunderschöner Blümchentassen neben einem Nachttopf. Da stehen die alten Gläser mit Muskat, Zimt, Nelken, Lorbeer, Thymian und Vanille neben Pfeffer- und Senfkorn, Dill und Bohnenkraut. Darunter die Geräte zum Reiben, Stoßen, Malen, Rühren, Raspeln und Schneiden. Und ganz unpassend, am Ende des Regals, in einer Ecke, ein uraltes Piano.

„Das war ein Schaustück“, sagt Ken, „nur um den Kunden zu zeigen, was sie hier alles bekommen können. Ist nie verkauft worden.“ Ein Schrank mit Medizinfläschchen aus hundert Jahren, gegen Haarausfall, Leberzwicken und Magenkrämpfe.

Schaustück im Geraghy Museum – Piano von 1862.

Ein unmißverständliches Zeichen von Robert holt mich aus meiner „Tante-Emma-Laden"-Verzückung zurück. Ich war beeindruckt vom C. Geraghy Warehouse und seinem liebenswerten, leisen Manager Ken Brooks, in Maryborough, der Stadt aus der Vergangenheit.

Der zwölfte Tag endet nach 450 Kilometern Fahrt in Hervey Bay. Selten genau, aber dort sind wir fest verabredet mit Barry Seymour, Kapitän und Besitzer eines 13 Meter langen, hochseetüchtigen Motor-Catamarans und Experte für „Whalewatching". Seit Jahren fährt er mit Passagieren hinaus in die Meeresstraße zwischen dem Festland und Fraser Island, der größten Sandinsel der Welt. Diesen fast 50 Kilometer langen Meeresstreifen haben sich

Humbuck-Wale als Raststätte auserkoren, auf ihrem jährlichen Zug aus der Antarktis hinaus nach Norden zum Great Barrier Reef und zurück.

„Whalewatching", das Beobachten der spielenden Meeresriesen, ist die Attraktion von Hervey Bay. Barry Seymour erwartet uns an Bord seiner „Seaspray". Ein Kapitän, wie er im Buche steht. Ein Baum von einem Kerl, schneeweiße Haare und Bart, eine Stimme wie die tiefen Töne einer Orgel. Er verkündet, was wir schon wissen: Keine Wale um diese Zeit in Hervey Bay. Juli – August ist die Zeit und da war Robert mit seiner Kamera im vergangenen Jahr hier, um das faszinierende Spiel der Giganten zu filmen. Heute wollen wir ein paar Gegeneinstellungen drehen. Halbauthentisch sozusagen.

Hervey Bay – Queensland. Captain Barry Seymour – unser „Whalewatcher".

„Hallo – jemand in der Nähe?"

„Bin ich hier in Hervey Bay?"

Barry Seymour macht uns einen Strich durch die Rechnung: „Sorry", sagt er, „da draußen braut sich ein Zyklon zusammen, Sturmwarnung seit heute morgen, hier im Hafen sind wir besser aufgehoben!"

Und dabei bleibt es. Aber in seinem mit allen Raffinessen ausgestatteten „Cockpit" auf dem Oberdeck, der Flybridge, erzählt er, was die Wale für die Stadt Hervey Bay, für ihn und für seine Passagiere bedeuten.

„Nirgendwo auf der Welt kann man sie besser beobachten als hier. Sie fühlen sich hier sicher, haben keinerlei Scheu mehr, weil wir uns nach ihnen richten."

„Wie ist das möglich?"

„Wir nähern uns nur bis zu einer bestimmten Entfernung, stellen die Motoren ab und verhalten uns still. Es ist aufregend, wie die Wale in immer engeren Kreisen näher kommen, tauchen und dann ganz langsam mit den Köpfen senkrecht aus dem Wasser hochsteigen, verharren, sich umschauen, als sagten sie, ‚hey, da ist ein Boot, laßt uns das mal ansehen'. Dann beginnen sie regelrecht zu tanzen, zu springen, sich in der Luft auf den Rücken zu drehen. ‚Bridging' nennt man das, eine Brücke schlagen."

„Wie nah kommen die Wale?"
„Bis auf wenige Meter, manche sogar auf Tuchfühlung, ohne jede Angst."
„Und umgekehrt?"

Barry lacht, „Hey, wenn du da draußen beim Fischen bist, in einem kleineren Boot, da kriegst du Panik, wenn so ein Gigant in der Nähe auftaucht und schnaubt. Wir bereiten unsere Passagiere auf die Begegnung vor, erklären ihnen, daß die Wale niemals angreifen, wenn sie sich nicht bedroht fühlen. Noch nie ist das passiert und ich bin schon viele Jahre da draußen."

„Wie viele Wale sind es, die hier Ferien machen?"

„Vor zwanzig Jahren haben wir nur noch an die zweihundert gezählt. Dann kam das Verbot, Wale zu jagen, das bis auf wenige Ausnahmen von allen Ländern der Erde anerkannt wurde. Jetzt, nach der letzten Bestandsaufnahme vor zwei Jahren, waren es wieder über zweitausend und sie vermehren sich um circa zehn Prozent jährlich."

„Dann wird das Verbot, Wale zu töten, wohl bald wieder aufgehoben werden?"

„O nein", dröhnt Barrys Baß, „nur das nicht wieder, schon der Gedanke daran macht mich krank. Wer das hier mal erlebt hat, kann diese intelligenten, wunderbaren Lebewesen nicht mehr vergessen. Ich erlebe es immer wieder, wie auf meinem Boot Männer und Frauen beim Anblick dieser Geschöpfe die Tränen kommen!"

Und während er das sagt, passiert ihm genau das gleiche.

Blick vom Mount Archer auf Rockhampton – Queensland – der Stadt am Wendekreis des Steinbocks.

Mittwoch, 14. Februar, 12. Tag. Von Hervey Bay über Gladstone nach Rockhampton. 450 Kilometer. Keine besonderen Vorkommnisse. Wir erreichen die Stadt am „Tropic of Capricorn" in der Dunkelheit. Es wird immer heißer, das setzt uns zu. Beim Auspacken für die Nacht empfiehlt die Motel-Managerin, die Fahrzeuge gänzlich auszuräumen und die Fenster und Türen der Zimmer zu verschließen.

„Warum denn das?"

„Hier treibt sich so allerlei herum", sagt sie. Einen Grund dafür weiß sie nicht.

Wir halten uns daran. Folge: Mit Air-condition ist es zu laut, ohne zu heiß zum Schlafen. Außerdem pfeift in unserem Zimmer der Kühlschrank. Wackeln, verrücken, nichts hilft. Also abstellen. Morgens steht er unter Wasser, die Kühlelemente für unsere „Eskis" sind lauwarm. Eis wird es an der nächsten Tankstelle geben.

Eineinhalb Tonnen Gepäck sind wieder einzuladen, und zwar mit äußerster Sorgfalt, denn mit diesem Gewicht im Nacken kann eine Notbremsung lebensgefährlich werden. Zwei Zettel klemmen unter den Scheibenwischern: Wir haben eure Scheiben gewaschen, damit ihr unser Hotel wiederfindet!

Abfahrt Punkt 8.00 Uhr, Tagesetappe 800 Kilometer bis Townsville, vorher noch in die Stadt, durch deren Mitte der Wendekreis des Steinbocks verläuft. Ein aus drei Stahlmasten zusammengesetzter Obelisk ragt konisch in den blauen Himmel. In den Nahtstellen der rostfreien Röhren nisten unübersehbar viele, handgroße Spinnen. Wir sind in den Tropen, mit allem, was sie zu bieten haben, und werden uns daran gewöhnen müssen.

Rockhampton – Queensland. Grenzstadt zwischen der tropischen und der gemäßigten Klimazone Australiens.

Auch wenn wir die nächsten zehn Stunden auf dem Highway sein werden, den Blick vom 500 Meter hohen Mount

Rockhampton – Queensland. Blick vom Mount Archer.

Archer zurück auf Rockhampton lassen wir uns nicht entgehen. Die Landschaft ist unbeschreiblich schön.

Bei längeren Fahrten wird von Zeit zu Zeit die Besatzung gewechselt, sonst wird der Gesprächsstoff knapp. Und Expedition hin oder her, man ist zwar ein Team, aufeinander angewiesen und verhält sich entsprechend, aber jeder hat seine Eigenheiten, die den anderen bei aller Toleranz auf die Nerven gehen können. Unsere Range Rover sind zwar zuvor luxuriös ausgestattet, mit allem, was auch längste Fahrten angenehm sein lassen, aber aus dem Weg gehen kann man sich eben nicht. Höchstens bei kurzen Pausen, für eine Zigarette oder andere menschliche Bedürfnisse, hinter Baum und Busch. Und es kommt die Zeit, da alle Geschichten ausgetauscht sind, jede Kassette bis zur letzen Note bekannt ist und der erste anfängt, die Melodien mitzupfeifen. Das ist dann die Stunde der Wahrheit. Da zeigt sich, ob nach Ankunft am Tagesziel jeder ganz schnell auf sein Zimmer verschwindet, oder ob man sich nach Dusche und anderen Wiederbelebungsübungen zum gemeinsamen Abendessen an einem Tisch wiedertrifft. Wir haben viele Flaschen guten australischen Weines und Bieres zusammen geleert. Wir waren „mates“, was soviel bedeutet wie Kumpels.

„Wir trennen uns nicht“, war meine Anordnung, „bleiben immer in Sichtweite zueinander, damit wir uns gegenseitig helfen können, falls nötig!“ Die 800 Kilometer hinauf nach Townsville, über Macka, ziehen sich. Im Rückspiegel vermisse ich das gewohnte Bild, den zweiten Wagen im Abstand von hundert Metern. Kein Grund zur Beunruhigung. Etwas langsamer fahren, bis er um die letzte Kurve kommt. Er kommt aber nicht. Noch langsamer und schließlich stop. Nichts! Vermutlich die Sache mit dem Baum oder Busch. Funksprechgerät einschalten: „UCA 1 an UCA 2, bitte

Architektur von 1900. Townsville – Queensland.

kommen!“ UCA-47 und UCA-49 sind unsere Nummernschilder. Nichts, keine Antwort. Wann war der letzte Blickkontakt im Rückspiegel? Ich weiß es nicht. Auch der nächste Funkruf bleibt unbeantwortet. Also umdrehen und zurück. Nach fünf Minuten sehen wir sie. Der Wagen ist leer. Drei Gestalten bewegen sich geduckt im Gebüsch.

„What the hell are you doing there?“ – Was zum Teufel treibt ihr da?

Stewart Long ist etwas verlegen.

„Wir suchen meine Sonnenbrille.“ Die Erklärung, wie sie dahin gekommen sein kann, wo sie suchen, ist relativ einfach. Stewart

Selbst in größter Hitze geht es manchmal nur langsam voran.

saß am Steuer. Eine Fliege machte ihn nervös. Er ließ das Fenster runter, um sie rauszuwedeln. Er wedelte etwas zu dicht vor seiner Nase, schlägt dabei die Sonnenbrille aus dem Fenster, will danach greifen, gerät auf die rechte Straßenseite und hält. So einfach. Nichts passiert, nur ein Brillenglas zersplittert. Billiger Ersatz findet sich an der nächsten Tankstelle, bei Bowen, gute 200 Kilometer noch bis Townsville.

Das übliche Ritual. Beide Autos volltanken, Trinkwasserbehälter auffüllen, einen Pappbecher voll Kaffee oder eines der vielgepriesenen Energiewässerchen, der Gang ums Haus zum Häuschen, zahlen, weiter.

Irgendwann auf der kaum befahrenen Strecke kommt uns ein Polizeifahrzeug entgegen. Schneller Kontrollblick auf den Tacho, 110 km/h, alles klar! Aber, mit dem mir verbliebenen Rest an Respekt vor der Obrigkeit, sehe ich automatisch in den Rückspiegel, wenn eine Polizeistreife passiert. Die Bremslichter leuchten auf, das Blaulicht beginnt zu kreisen, der Wagen dreht, zwei rote Signalleuchten blinken links und rechts am Kühlergrill und in der Mitte vom Dach leuchtet weiß auf blauem Glas: Police – und um nicht den geringsten Zweifel zu lasen, daß wir gemeint sind, lassen die Ordnungshüter die Sirene aufheulen. Links ran, halten, aussteigen, ein paar Schritte entgegengehen und lächeln. Macht sich immer gut.

Ein Polizist, der am Steuer, bleibt im Wagen, spricht in ein Mikrophon. Der andere, Typ Hüne, steigt aus, zieht die Hose über einen beachtlichen Leib nach oben, greift dabei demonstrativ unabsichtlich nach seinem Pistolenhalfter, nähert sich mit wiegenden Schritten. Seine Augen nageln mich fest. Ich eröffne den Dialog: „Was kann ich für Sie tun, Officer?“ Er ist offensichtlich auf diese Begegnung vorbereitet und hat ein Konzept.

Handshake nach Klärung des Sachverhalts.

„Wo haben Sie das letzte Mal getankt?“

Darauf war ich nicht gefaßt.

„So ungefähr vor einer halben Stunde – circa sechzig Kilometer von hier, warum?“

„Haben Sie dort bezahlt?“
„Natürlich haben wir bezahlt!“

Er lächelt, von oben herab, sehr überlegen: „Dann habt Ihr ja sicher eine Quittung!“

„Sicher haben wir die“, erkläre ich im Brustton der Überzeugung, wende mich an meine Frau im Wagen: „Der Officer möchte die Quittung von der letzten Tankstelle sehen!“

Gundel holt sie aus ihrem Ordner, ich reiche sie dem Hünen. Während er einen prüfenden Blick darauf wirft, hält unser zweiter Wagen direkt hinter ihm. Er ist perplex: „Da ist ja noch einer von der gleichen Sorte!“

„Wir sind ein deutsches Filmteam, auf der Fahrt rund um Australien, würden Sie mir bitte sagen, was das soll?“

Er ist sichtbar verunsichert, sieht noch mal auf die Quittung in seiner Hand, geht zum zweiten Wagen und fragt Brendon am Steuer: „Haben Sie an der letzten Tankstelle bezahlt?“

„Nein“, grinst Brendon, „ich zahle nie!“ Weitere Auskunft gibt er nicht.

„Aha“, meint der Hüne, mehr fällt ihm zu dieser Situation nicht ein. Er wendet sich wieder an mich, mit etwas milderem Blick, erwartet, daß ich ihm weiterhelfe.

„Meine Frau ist dafür zuständig, sie bezahlt immer für beide Fahrzeuge und so auch an der letzten Tankstelle!“

Jetzt war es an mir, die Stimme etwas zu heben. „Wollen Sie mir nicht endlich sagen, was los ist?“

„Wir haben einen Anruf erhalten, daß Sie, ohne zu bezahlen, dort weggefahren sind."

„Was nicht stimmt, wie Sie sehen", sage ich und zeige auf die Quittung in seiner Hand. Er gibt sie mir.

„Da haben wir ein Problem, was machen wir?"

Gundel regt sich angemessen über diese ungerechte Verdächtigung auf. „Dort anrufen", sagt sie, „die Nummer steht ja auf der Quittung!"

Der Hüne ist sogar bereit, eines unserer Handies zu benutzen.

Robert hat inzwischen die Kamera ausgepackt und fragt den Officer, ob er was dagegen hat, daß er die Szene filmt. Der ist über die im reinsten australischen Slang vorgebrachte Frage fast erleichtert und lacht: „No mate, let it go for good publicity we do almost anything!" Nein Kumpel, laß sie laufen, für gute Publicity tun wir fast alles! Das Eis war gebrochen.

„Hier ist Sergeant Stevens, Home-Hill-Polizeistation", meldet er sich über unser Funktelefon, „wir haben die Wagen gestoppt, die bei euch, angeblich ohne zu zahlen, weggefahren sind. Die haben aber eine Quittung von euch!" Dann hört er lange zu, nickt und unterbricht den Gesprächspartner am anderen Ende: „Also habt ihr nur für einen Wagen kassiert und habt das erst später bemerkt?"

Er ergreift die Initiative. „Das ist ein deutsches Filmteam", er scheint richtig stolz auf seinen Fang zu sein, „ist das o.k., wenn die den fehlenden Betrag an der nächsten Tankstelle für euch hinterlegen?"

Er hört wieder zu und schüttelt den Kopf: „Nein, ich bevorzuge, das Geld nicht anzunehmen", sagt er wörtlich. „Wir machen das so, wie ich gesagt habe."

Damit war er den Fall los und seine Sorge, uns möglicherweise auf die fast hundert Kilometer entfernte Station bitten und einen langen Bericht schreiben zu müssen, über ein deutsches Filmteam, das in Australien Benzin-Zechprellerei begangen hat.

Wieder ganz Herr der Lage, gibt er mein Handy zurück: „O.k., nächste Tankstelle, 50 Kilometer auf der linken Seite, 57 Dollar bezahlen, die werden von uns verständigt!"

Während der ganzen Komödie bleibt der zweite Beamte hinter seinem Steuer und spricht über Funk. Dabei geht sein Blick mehrmals über unsere Nummernschilder. Vertrauen ist gut, Kontrolle ist besser, gilt wohl auch auf dem fünften Kontinent. Wir nehmen es nicht übel. Der Abschied findet per Handschlag statt. „Have a safe trip!"

Unsere Ehre war gerettet. Gundel schimpft mit Recht noch einige Kilometer über die Frau an der Kasse der Tankstelle, der sie unmißverständlich gesagt hatte, daß sie für beide Fahrzeuge bezahlt. An der nächsten Tankstelle nimmt man lachend unsere Kreditkarte entgegen: „Tut uns leid, das war ein Lehrling!" Vergessen!

Freitag, 16. Februar, 14. Tag. Townsville. Ausgangspunkt zum Great Barrier Reef. 1989 waren wir hier, haben „das größte Lebewesen der Welt" über und unter Wasser gefilmt. 2500 Kilometer Korallenriff. Vom Capricorn hinauf bis zur Spitze der Cape-York-Halbinsel, zwischen der Coral Sea und dem Golf von Carpentaria, zieht sich das Naturwunder, um dessen Erhaltung sich Australien

Tiefseebecken in Sea World Museum. Townsville – Queensland.

mit allen Mitteln bemüht. Aber wir Menschen hinterlassen Spuren, besonders dort, wo wir in Massen auftauchen. Und erst recht hier am Great Barrier Reef. Mit Schnorchel und Taucherausrüstung, mit Glasboden- und Unterseebooten. Das alles bringt Dollars und Sorgen gleichermaßen.

Die Sorgen zu verringern ist eine der Aufgaben des „Great Barrier Reef Wonderland".

In riesigen gläsernen Tauchtanks, durch die der Besucher in Glasröhren wandert, erlebt er diese einmalige Unterwasserwelt. Profitaucher zeigen, was Touristen tun, vor allem aber, was sie lassen sollen. Und das ist eine Menge, wie die sachkundige Führerin, sie wurde in Kassel geboren, erklärt: „Rücksichtslose Taucher

Magnetic Island – Queensland.

Townsville – Queensland. Fähre auf Magnetic Island.

brechen ganze Korallenzweige ab, zerstören mit ihren großen Gummiflossen die Unterwasserflora und verhalten sich einfach unverantwortlich."

„Kann man nicht so was wie eine Unterwasserpolizei einsetzen?"

„Irgendwann werden wir das vielleicht tun müssen."

Beim Auftauchen aus dem Wonderland trifft uns die Hitze wie ein Schlag. Alle Bewegungen werden langsamer, trotzdem ist Townsville eine erstaunlich lebendige Stadt. Das Team hat einen freien Tag verdient. Den ersten seit zwei Wochen. Ein Tag zum Faulenzen, Haare schneiden, schwimmen, zur Inspektion der Autos und einen Schiffsausflug, allerdings mit Kamera, nach Magnetic Island.

Captain Arthur Phillip soll die Insel nördlich von Townsville so benannt haben, nachdem sein Kompaß während der Vorbeifahrt verrückt spielte. Kein Mensch weiß, warum, da spätere Nachforschungen ergeben haben, daß die Insel über nichts verfügt, was derart starke magnetische Schwingungen auslösen könnte.

Großen Spaß bereiten uns kleine, offene Autos, mit denen wir rund um die Insel brausen. So viel Spaß sogar, daß wir um ein Haar das letzte Schiff zurück auf das Festland verpassen. Der Abend gehört der Vorbereitung des ersten „Richtungswechsels“ auf unserer „Circumnavigation“. Ab morgen verlassen wir den Highway 1, um auf der Straße 78, dem Flinders Highway, von Osten nach Westen zu traversieren. So an die 3500 Kilometer, bis wir unterhalb von Kathrine im Northern Territory wieder auf den Highway 1 stoßen werden. Ein langer Weg bis dorthin. Nicht durch besiedeltes Gebiet wie bisher. Jetzt beginnt Australien. Endlose Weite, brütende Hitze wir allein auf weiter Flur. Das kaum erschlossene Outback.

Sonntag, 18. Februar. 16. Tag. Beim gemeinsamen Frühstück, im „Southbank Motor Inn“, spüren wir eine gewisse Anspannung im Team. Besondere Umsicht ist angesagt. Wir sind auf unsere Ausrüstung, die Autos, das Satellitentelefon, schlicht und einfach auf uns selbst angewiesen. Das Ziel heute ist Richmond, gute 500 Kilometer, dazwischen nicht viel, nur Charters Towers, Pentland und Hughenden, in Abständen von jeweils 130 Kilometern. Die Straße soll gut sein, normalerweise, aber man weiß nie, was kommt. Was mit Sicherheit kommt, sind die Road Trains. Lastzüge mit bis zu drei Hängern, sechzig Meter lang, auf zwölf und mehr Achsen und an die fünfzig Reifen. Diese Giganten bewegen sich mit ihrer Ladung von Rindern oder Schafen mit 110 km/h durch die Gegend und weichen prinzipiell nichts und niemandem aus. Davor sind wir gewarnt.

Größtes Problem bei den Vorbereitungen zu dem ganzen Unternehmen war die Jahreszeit, in der wir unterwegs sein wollten. Wo wir hinkamen, immer die gleiche Frage: „Warum ausgerechnet in der Wet Season?“, während der Regenzeit im Norden. Hunderte von Quadratkilometern stehen plötzlich unter Wasser und wer immer, womit auch immer, unterwegs ist, bleibt unweigerlich stecken, und das auf unbestimmte Zeit. Einzige dann noch mögliche Hilfe, Fahrzeuge und Ausrüstung zurücklassen und das Team mit dem Hubschrauber ausfliegen.

Natürlich betrachten wir ab jetzt jede kleine Wolke am Himmel mit Argwohn und mit gemischten Gefühlen, ein Schild am linken Straßenrand „Road subject to flooding“. Und dieses Ungemach versprechende Zeichen wiederholt sich in Abständen von oft weniger als tausend Metern. Was ganz einfach bedeutet, daß man, sobald es zu regnen beginnt, in jeder Senkung der Straße stecken bleiben kann.

Daß unsere Range Rover die Bodenfreiheit um gute dreißig Zentimeter anheben können, läßt uns optimistisch sein. Außerdem, die Regenzeit gehört nun mal zu diesem Teil Australiens.

„Ihr werdet es schwer haben“, sagte ein Fotograf vor der Abfahrt, „aber die Bilder, die ihr bekommt, werden euch belohnen!“

Wir verlassen Townsville in südlicher Richtung, kurz vor uns der 1234 Meter hohe Mount Elliot, im Mount Elliot National Park. Es wird für lange Zeit das letzte Grün in der Natur sein, das wir zu sehen bekommen. Erster Stopp nach 140 Kilometern ist Charters

Und man weiß nie, wann es passiert …

Towers. Ein glühend heißer Sonntag Vormittag, menschenleere Straßen, über denen die Luft wabert und die Häuser aussehen läßt, als habe sie eine Fata Morgana dorthin gezaubert. Die ganze Szene ist unwirklich, fast gespenstisch. Mit unserem Gerät schleichen wir durch die Gegend, um irgend etwas Filmbares ausfindig zu machen. In der Hauptstraße ein besonders schmuckes Haus. Ein fast romantisch wirkender Vorgarten mit auffallend schönen Blumenbeeten trennt es von der Fahrbahn. Erstaunlich vor diesem Schmuckstück ein Schild mit weißer Schrift auf blauem Grund: Police. Und dann entdecke ich einen älteren Mann, gebückt in einem der gepflegten Beete, Strohhut, blaue Schürze, eine kleine Schaufel in der Hand. Ein Bild wie von Spitzweg, das Urbild eines Sonntagsgärtners in der Kleinstadt.

„Was für ein wunderschöner Tag", sage ich zu dem Gärtner. Das ist in Australien immer der richtige Beginn einer Unterhaltung, ob man sein Gegenüber kennt oder nicht.

„Das kann man wohl sagen", antwortet deshalb mein Gärtner, mehr aber nicht.

„Und was für einen wundervollen Garten Sie haben", setze ich eins drauf. Ein Kompliment kann nicht schaden.

„Ist 'ne Menge Arbeit, kann ich Ihnen sagen. Und der Sonntag ist gerade recht dafür."

„Ein bißchen ungewöhnlich, so ein Prachtgarten für eine Polizeistation", sage ich, „ist die innen auch so hübsch wie hier draußen der Garten?"

Der Gärtner hat unsere Kamera auf der anderen Seite der Straße bemerkt.

„Wollen Sie mal reinsehen?"

„Ja gern, natürlich. Wir würden sogar gern filmen, wenn das erlaubt ist!"

„Kein Problem", sagt der Gärtner, „ich habe die Schlüssel immer in der Tasche!"

„Aha, und als was sind Sie beschäftigt?"

„Als Senior Officer!" Der Gärtner ist der Boß.

Er braucht seine Schlüssel nicht, die Station ist mit zwei Beamten besetzt und einer der hübschesten Polizistinnen, die ich je gesehen habe. Modern ausgestattet, Funkgeräte, Computer, Kopier-

„Gerne hopsgenommen ..."
Polizeistation in Charters Towers – Queensland.

maschine, Projektionswand. Angenehm gekühlt. Der Vorraum sieht aus wie eine kleine Fotoausstellung. Die Bilder an der Wand zeigen eine Gruppe von Polizisten vor dem gleichen Gebäude, halb abgebrannt, darunter die Jahreszahl 1988. Das war das Jahr der Feiern zum 200. Geburtstag Australiens, das Jahr, in dem die erste Folge unserer Reihe TERRA AUSTRALIS gedreht wurde.

„Und wie kam es, daß die Polizeistation gebrannt hat? Hat sie jemand absichtlich angezündet?" Diese Frage ist in Australien nicht ganz unangebracht.

„Nein", sagt der freundliche Senior Officer, „ich glaube es war ein Fehler in einer unserer elektrischen Leitungen. Aber glauben heißt nicht wissen." Ich will keinen Enthüllungsjournalismus betreiben und wechsle das Thema.

„Was ist an einem Sonntag los hier in Charters Towers?"

„Außer dem Gottesdienst und dem Markt in der alten Börse nicht viel", sagt er, greift nach seinem Strohhut, ein Zeichen, daß er gern zu seinen Beeten zurück möchte. Ein Polizeichef mit grünem Daumen.

Dieses ganze Charters Towers ist wie geleckt. Kein Haus, das nicht in frischen Farben strahlt, Kirche, Rathaus und die alte Börse, prächtig restaurierte Bauten aus der Blütezeit des Ortes. Die war in der zweiten Hälfte des vorigen Jahrhunderts. Charters Towers war die größte Goldstadt Queenslands und hatte demzufolge die

Rathaus von Charters Towers – Queensland.

Im letzten Jahrhundert Goldbörse – heute Markthalle von Charters Towers.

damals bedeutendste Börse. Heute eine für eine Kleinstadt geradezu pompös geratene Markthalle, in der an diesem Sonntag Familien ihre hausgemachten Köstlichkeiten anbieten. Eingemachte Gurken, selbstgezogene Kräuter, Honig aller Sorten, Marmelade jeden Geschmacks, Handarbeiten, Holzschnitzereien, Gemälde von der Schafstation bis zum aus allen Rohren feuernden Schlachtschiff „Sydney", die unsere „Emden" besiegt hat. Alles, was irgendwer loswerden und irgendwer haben möchte. Unter einer beeindruckenden Kuppel mit farbigen Bleiglasfenstern an den Stirnseiten und einem Mosaikboden findet Kommunikation statt. Nichts, was im Ort geschieht, bleibt verborgen, alles, was geschieht, findet ein gerechtes oder ungerechtes Urteil. Soweit ist die Welt hier noch in Ordnung.

Ein Parkplatz, auf dem unsere 4-Wheeler in der Sonne schmoren, vor einer gewaltigen Hallenwand, die gekonnt gemalt ein Stadtmotiv zeigt. Es ist inzwischen Mittag, die Temperatur steigt auf 42 Grad Celsius. Die Ledersitze sind derart aufgeheizt, daß wir uns die Hintern verbrennen. Motoren und Air-condition bei geschlossenen Türen und Fenster laufen lassen, aber immer darauf achten, daß die Temperatur im Wageninneren nicht unter 15 Grad im Unterschied zur Außentemperatur sinkt, weil sonst die Optik der Kamera beschlägt. Ob die Beta-Bänder diese Temperaturen aushalten? Wir können es nur hoffen, umpacken sie ständig mit Plastik-Kühlelementen und harren bangend der abendlichen oder nächtlichen Vorführung des am Tag gedrehten Materials. Aber was Hitze betrifft, haben wir den Höhepunkt noch lange nicht erreicht. Der kommt, wenn wir die Grenze von Queensland ins Nordterritorium überfahren.

„Road Train for Road Works". Reparaturzug auf dem Highway.

Die Teeroberfläche auf dem Flinders Highway zeigt dunkle Spuren. Die Bitumenmischung schmilzt einfach weg. Die Road Trains mit ihren dreißig und vierzig Tonnen drücken den braunschwarzen Brei unter den Reifen weg und hinterlassen bizarre Spuren unterschiedlichster Reifenprofile. Ich schalte den Tempomat auf 110 km/h und betätige für die nächsten 250 Kilometer weder Gashebel noch Bremse. Leichte Lenkkorrekturen sind die einzige Bewegung. In der Ferne eine seltsame Erscheinung. Halluzination oder Wirklichkeit? Sehe ich Gespenster oder steht da wirklich ein Mensch am Straßenrand mit einem langen Stab und roter Scheibe, die ihn um eine halbe Körperlänge überragt? Er steht wirklich da, die rote Schrift gebietet STOP! Am Boden ein gelbes Straßenschild PART ROAD CLOSED, daneben ein Funk-

14 Stunden Straßenwache bei 42 Grad im Schatten ...

telefon und eine Kühltasche mit Wasserflaschen. Der Mann ist ein ebenholzschwarzer Eingeborener, einen gewaltigen Akubra auf dem Kopf.

Ob er mich versteht, weiß ich nicht, ich versuche es mit:
„G'day mate!"
„Good day, Sir", erweitert er freundlich, „tut mir leid, daß ich euch stoppen muß. Kann aber nicht lange dauern."

Der Blick in Fahrtrichtung ist kilometerweit frei, zu sehen ist absolut nichts.

„Was ist los?" will ich wissen.

„Straßenarbeiten“, sagt der Kopf unter dem Hut. Zu mehr Auskunft ist er nicht bereit, oder verfügt nicht über die entsprechenden Informationen.
„Wie lange wird es dauern?“
„Keine Ahnung“, sagt er und es ist völlig klar, daß Zeit keinerlei Rolle für ihn spielt.

„Und wie lange stehen Sie schon hier?“

„Vierzehn Stunden“, kommt es zurück ohne den geringsten Appell an Mitgefühl oder gar Mitleid. Eine Mitteilung ohne emotionale Beteiligung.

Ich habe das Gefühl, dem Mann etwas Nettes sagen oder irgendwas Gutes tun zu müssen.

„Können wir irgendwas für Sie tun?“

„Warum?“ fragt er. Er scheint Freundlichkeiten zu mißtrauen, oder er ist sie einfach nicht gewohnt.

„Ich hab', was ich brauche, danke!“ Und um jeder weiteren Konversation zu entgehen, nimmt er das Telefon auf und drückt eine Taste.

„Hier stehen zwei Wagen, können die durch?“ Er nickt.

Auf dem Etappenplan steht Hughenden als Tankstation und Pause für das Mittagessen. Beides wäre nicht sonderlich erwähnenswert, wäre da nicht ein Dinosaurier-Museum zu besichtigen.

Richmond, „Entrikens Pioneer Motel“. Wir erreichen unser Tagesziel zu früh im Schein der untergehenden Sonne. So trifft uns der Schock über die Bleibe für die Nacht mit voller Wucht. Auf

„Dino“ im Museum in Richmond – Queensland.

Stelzen gestellte Container mit Naßzelle. Die Luft in diesen hautengen, würfelartigen Behältern ist zum Schneiden. Fließendes Wasser ist vorhanden. Es ist artesisches Wasser, aus tausend Meter Tiefe heraufgepumpt, und riecht stark nach Schwefel. Rubina Entrikens, die Wirtin, warnt uns gleich zu Beginn:

„Geht nicht mit dem Kopf unter die Dusche, das Wasser färbt die Haare rot!“

Wir überspielen den Schrecken und spülen ihn mit eiskaltem Bier hinunter. Rubina hat die nächste Überraschung bereit. „Ein Restaurant gibt's hier nicht. Aber wir laden Euch alle zu einem BBQ ein.“

Mit „wir" ist die Bevölkerung von Richmond gemeint und die Abkürzung BBQ steht für einen vielversprechenden abendlichen Grill. Steaks, Salate Brot, Wein, Bier und verschiedene Süßspeisen. Jeder bringt was mit. Klingt wirklich verlockend.

Das weite Land durchläuft in der untergehenden Sonne eine fast unbeschreibliche Farbskala. Von Fahlgelb über Violett bis Dunkelrot. Der Abend bringt angenehme 30 Grad Celsius und eine Invasion von fliegenden Käfern, die sich in den Zweigen der illuminierten Eukalyptusbäume und in den Haaren der fröhlich Versammelten niederlassen. Auf dem Rasen vor „Entrikens Pioneer Motel" feiert die Bevölkerung von Richmond die Ankunft des deutsch-australischen Fernsehteams. So was haben sie nicht alle Tage, sagen sie, und wollen alles wissen über unser Woher und Wohin. Die Welt, aus der wir kommen, kennen sie nur vom Hörensagen, beneiden uns aber noch mehr, daß wir ihr Land besser kennen als sie selbst.

„Wir kommen hier nicht raus aus unserer sterbenden Stadt. Wir haben keine Chancen mehr, die Zeit rennt über uns weg, die Jungen verlassen den Ort. Vor ein paar Jahren waren wir hier noch fast tausend Einwohner, jetzt sind es weniger als dreihundert. Es gibt keine Jobs. Wo früher die Menschen die Arbeit machten, machen das jetzt Computer. Auf der Post, auf der Bank. Wir hatten Geschäfte hier, Bars, ein paar Kneipen, das ist alles dicht, weg, gibt es nicht mehr.

Die Männer bleiben unter sich, die Frauen kümmern sich um das leibliche Wohl. Unter einem gewaltigen Eukalyptus qualmt ein Feuer unter einer Blechplatte, auf der in langer Reihe Steaks und Würste brutzeln. Wolken von fliegenden Käfern drumherum. Und irgendwann der australische Schlachtruf zum Essenfassen: „Come and get it!" Kommt und holt es euch. Es schmeckt köstlich und die Stimmung steigt. Vergessen, zumindest für zwei Stunden, die Sorgen einer sterbenden Gemeinde am Flinders Highway, genau in der Mitte zwischen der Ostküste Queensland und der Grenze zum Northern Territory. Man könnte auch sagen: Irgendwo in der Mitte von Nirgendwo. Wir lachen und trinken und Rubina sagt: „Wenn schon mal Gäste zu uns kommen, sollen sie sich wohl fühlen. Wir freuen uns, wenn wir euch bewirten können, und ihr erzählt uns was vom anderen Ende der Welt." Das tun wir, ziemlich lange sogar, fallen irgendwann müde in die spartanischen Betten, spüren die Hitze und stören uns auch nicht mehr am Gestank des artesischen Wassers aus tausend Meter Tiefe, das die Haare rot färbt, wenn man duscht.

Montag, 19. Februar 1996. Der 17. Tag beginnt mit 39 Grad Celsius um 6.00 Uhr morgens. Tagesetappe von Richmond nach Mount Isa über Julia Creek, 440 schnurgerade Kilometer. Nur noch spärliche Wassertümpel am Straßenrand, um die sich freilaufende Rinder drängen, aggressiv vom Durst. Man hat uns gewarnt. Wenn sie gestört werden, greifen sie an. Von uns fühlen sie sich nicht gestört. Aber mehr und mehr Kadaver liegen am Weg, aufgedunsen in der gnadenlos brennenden Sonne.

Plötzlich fahren wir durch Schwärme von Heuschrecken und eine Art Schmetterlinge. Unabsehbar, diese Insektenwolke. Wie Regen prasseln ihre Körper an die Windschutzscheibe, zerplatzen, bleiben kleben. Wir fahren fast blind. Die Thermometer melden steigende Kühlertemperaturen. Kontrolle von außen. Stoßstangen, Scheinwerfer, Kühlergrill sind mit einer zentimeterdicken Schicht von toten Heuschrecken und Schmetterlingen verklebt. Da geht keine

Gefährlich nah am Highway – durstige Rinder an spärlichen Wasserlöchern.

Luft mehr durch. Hoffentlich schaffen wir es noch bis Cloncurry, gute 60 Kilometer. Wir schaffen es und haben das, was man bei so einem Unternehmen braucht – Glück. Am Ortseingang ein Wagenpark mit fein säuberlich aufgereihten Road Trains. Hurley heißt das Unternehmen. In einer Werkhalle finde ich einen Mechaniker.

„Gibt es hier irgendwo so was ähnliches wie einen Hochdruckreiniger?"

„Klar Kumpel, bei uns! Warum?"

„Ich fürchte, wir kommen nicht mehr weit mit unseren verklebten Kühlern."

„Road Trains" – die Bullen der Highways.

CURLEY BROS.
CATTLE TRANSPORT
CLONCURRY
077.421220
CURLEY BROS.
CATTLE TRANSPORT
CLONCURRY
421220
MACK
CBT 22
ROAD TRAIN
MACK
CBT 23
ROAD TRAIN

Rettung in Cloncurry – Queensland. Scharfer Strahl gegen Heuschrecken im Kühler.

„Fahrt da hinten auf unseren Waschhof, da ist alles, was ihr braucht."

Eine halbe Stunde dauert es, die Kruste aus Insektenresten aus allen Ecken und Winkeln herauszupusten. Es macht Spaß, bei 42 Grad Celsius in der Gischt der Hochdruckreiniger zu stehen. Danach sehen unsere Vehikel wie neu aus.

„Wieviel bin ich schuldig?"

Der Mechaniker schüttelt den Kopf: „Keine Sorge, Kumpel, war 'n Vergnügen, euch zu helfen. Have a safe trip!" Danke, Kumpel von Hurley Road Trains in Cloncurry.

Am frühen Nachmittag tauchen in der Ferne die beiden über zweihundert Meter hohen Schornsteine der Mount Isa Mine auf. Mount Isa, Bergwerkstadt mit 25 000 Einwohnern, verdankt ihr Ansehen und ihren Reichtum einem Zufall. Ein Mann namens John Campbell Miles, Einzelgänger und Mineraliensucher, fand im Jahre 1923 einen Felsvorsprung, der ihm sehr nach Silber- oder Bleierz aussah. Die Gesteinsproben, die er zur Untersuchung ins nicht weit entfernte Cloncurry schickte, lösten aus, was Mount Isa in den vergangenen siebzig Jahren zu Weltruhm verhalf. Die Mine im Ort ist der größte Einzelproduzent von Silber und Blei in der Welt und steht an zehnter Stelle für Kupfer und Zink. Und noch ein Rekord, auf den die Stadt stolz verweist: Mit einer Ausdehnung ihrer Grenzen auf über 50 000 Quadratkilometer ist Mount Isa die zweitgrößte Stadt der Welt.

Mount Isa – Bergwerkstadt im Outback – Queensland.

Für die nächsten drei Tage haben wir uns Etappen von jeweils 700 Kilometern vorgenommen. Uns ist klar, daß wir bei diesen Strecken plus Filmarbeit und Temperaturen von mindestens 40 Grad Celsius an unsere physische Leistungsgrenze kommen werden. Also beschränken wir uns in Mount Isa auf das Notwendigste. Dazu gehört das Standardmotiv für jeden Besucher, der Aussichtshügel mit dem Wegweisermast. Schilder in alle Himmelsrichtungen zeigen, wie weit man von dort entfernt ist, wo man herkommt. Für uns gilt Frankfurt, 14 213 Kilometer, Luftlinie natürlich.

Wie weit bis wo? Wegweiser auf dem Outlook von Mount Isa.

Schluß für heute, morgen ist auch noch ein Tag. Zurück zum Wagen, einpacken, zum Hotel, unter die Dusche, an die Bar, Abendessen, ins Bett. So die geplante Reihenfolge für den Rest des Tages. Doch nach dem Einpacken kommt der Schock. Noch bevor ich den Motor starte, irritiert Gundel ein Geräusch im hinteren Teil des Wagens.

„Da gluckert was", sagt sie, „als ob etwas kocht oder ausläuft!" Aussteigen, suchen. Gundel findet es.

„Um Gottes Willen, das Benzin im Tank kocht!"

Sie entfernt sich mit der verständlichen Feststellung: „Da steige ich nicht mehr ein und ihr auch nicht!" Zwei Möglichkeiten haben wir: Warten in sicherer Entfernung vom Fahrzeug, bis die Nacht Kühlung bringt, oder was tun.

Wir hören es alle, im Tankstutzen gurgelt es mächtig. Also runter mit dem Deckel, aber vorsichtig! Nach den ersten Umdrehungen zischt es aus dem Stutzen. Da drinnen hat sich in der Hitze Druck aufgebaut, der muß raus. Danach ist es ruhig im Tank. Gundel ist nicht leicht dazu zu bringen, wieder einzusteigen, ich kann es ihr nicht verdenken. Statt ins Hotel fahren wir zur Rover-Vertretung. Äußerst zuvorkommender Service und großes Interesse an unserem Problem. Überhaupt an unseren Fahrzeugen, man hatte diesen neuen Typ noch nicht im Betrieb. Trotzdem war der Rat, den man uns gab, gut und gar nicht teuer: Bei der Hitze hier im Outback niemals den Tank ganz füllen, damit der Treibstoff Platz zur Ausdehnung hat. Wir werden daran denken!

Dienstag, 20. Februar 1996. 18. Tag. Um 10.00 Uhr morgens bereits 40 Grad Celsius. Von Mount Isa nach Tennant Creek, knappe 700 Kilometer. Links und rechts und auf der Straße Rinder- und Känguruhkadaver, auf denen Schwärme von großen, schwarzen Vögeln aasen und erst kurz bevor wir sie über den

Haufen fahren würden von ihrer Beute auffliegen. Kein Hupen kann sie vorher dazu bewegen. Natürlich bleiben, trotz aller Vorsicht, ein paar von diesen freßgierigen Aasgeiern zwischen unseren „Roobars“ und Stoßstangen hängen. Diese Roobars sind die an der Vorderseite hochgezogenen Stangengestelle zum Schutz vor auf die Straße springenden Känguruhs. Wir sind stolz, daß wir noch nicht eines auf dem Gewissen haben.

Außentemperatur 44 Grad Celsius, innen 24 Grad. Wir könnten natürlich weiter runterkühlen, dürfen aber nicht wegen der Gefahr, daß die Kameraobjektive beschlagen, wenn wir plötzlich drehen wollen. Wir durchfahren Camooweal, einen Ort mit drei Häusern und einer Tankstelle. Die Zeiger unserer Benzinuhren stehen noch auf gut über Halb. Außerhalb von Camooweal ein Warnschild: NO FUEL FOR 270 KM – Kein Sprit auf 270 Kilometern. Die Schrift ist übermalt, die 2 kann auch eine 3 sein. Für 270 Kilometer reicht unser Benzin gut, für 370 nur vielleicht. Und es kann passieren, daß wir aus irgendeinem Grund hängenbleiben und längere Zeit die Motoren laufen lassen müssen. Ohne Air-condition steigt die Temperatur im Wageninneren auf 80 Grad Celsius und mehr. Das wäre das Ende unseres Bandmaterials. Also umkehren, zurück zur Tankstelle von Camooweal und nicht ganz volltanken. Auch den Wasservorrat auffüllen. Es klingt etwas dramatisch, aber Vorsicht hat schon vielen im australischen Outback das Leben gerettet.

Für diesen Teil der Strecke wollte ich ohnehin beide Fahrzeuge mit dem Satelliten-Navigationsgerät ausstatten lassen. Ein kleiner Monitor am Armaturenbrett, der dem Fahrer nicht nur per Bild, sondern auch per Stimme, je nach Wunsch weiblicher oder männlicher, genau sagt, wo ’s lang geht. Geradezu ideal.

Aber auch hier steckte der Teufel im Detail: Das Navigationsgerät gab es in Australien, leider aber nicht die dazugehörige Software. Unser Trost: Wir verlassen ja nicht den Highway. Wir merken 's uns aber für die Durchquerung des Kontinents, irgendwann.

An der Grenze zwischen Queensland und Northern Territory – ab jetzt wird's noch heißer …

NORTHERN TERRITORY

Northern Territory

Nach wenigen Kilometern passieren wir die Grenze zwischen Queensland und dem Northern Territory, Zeitunterschied eine halbe Stunde, aus dem Flinders Highway wird der Barkly Highway. Nach 200 Kilometern erreichen wir das „Barkly Homestead Roadhouse“ mit den besten „Hamburgers“, seit wir unterwegs sind.

Hier am Barkly Roadhouse stößt der Tablelands Highway aus dem Norden vom Port Arthur am Golf von Carpentaria kommend auf die Querverbindung Ost-West, auf der wir fahren. Nach 200 Kilometern weiter westlich, bei Tennant Creek, verbindet dann der Stuart Highway den Süden mit den Norden von Adelaide in Südaustralien, bis hinauf nach Darwin am Top End des Kontinents.

Die Fahrer der Road Trains, die uns immer wieder begegnen, sind ungeheure Typen. Sie verständigen sich in einer Art eigener Sprache. Von dem, was sie sich erzählen, verstehe ich kein Wort. Schade, man könnte sicher ein Buch darüber schreiben. Die meisten bringen mehr als zwei Zentner auf die Waage, und statt Hemden tragen sie abenteuerliche Tätowierungen. Auf Bäuchen und Rücken, auf Armen und Beinen und ich bin sicher, auch auf dem Rest ihrer Körper, den spärliche Kleidungsstücke gerade noch bedecken.

Vom „Barkly Roadhouse“ bis Tennant Creek sind es noch knappe 200 Kilometer, kaum eine Kurve, und hier, im Northern Territory, gibt es auch keine Geschwindigkeitsbegrenzung mehr. Die Straße ist in denkbar bestem Zustand. Wie die das machen, bei dieser Hitze und den riesigen Entfernungen, verdient das höchste Kompliment.

Auf den letzten fünfzig Kilometern begegnen uns auffallend viele Personenwagen gleichen Typs ohne Kennung, ohne Markenemblem, dafür mit Antennen gespickt. Wir glauben, es sind Fords.

Ankunft in Tennant Creek um 16.00 Uhr. Das „Bluestone Motor Inn“ ist eine überraschend hübsche Anlage komfortabler Bungalows in einem Palmenhain. Das Thermometer an unserer Unterkunft zeigt 43 Grad Celsius im Schatten. Kein Wunder, daß das Schwimmbad gut besucht ist. Sportliche Herren springen, tauchen, kraulen, und alle sprechen Deutsch.

„Eine neue Folge von TERRA AUSTRALIS?“ will einer von ihnen zu meiner Freude wissen.

„Ja, und was machen Sie alle hier, in diesem Niemandsland?“

„Wir sind Ingenieure, machen hier einige Versuche mit neuen Geräten“, war die etwas zurückhaltende Antwort des Mannes. Ich dachte, „Ich probier' es mal.“

„Sind die Geräte Testfahrzeuge von Ford und Sie die Tester? Wir sind euch auf dem Weg von Barkly Homestead hierher begegnet.“

„Also gut“, gibt er ungern zu, „wir sind aus Köln und testen das neue Modell.“

Mehr an Information über das neue Fahrzeug wollte er nicht preisgeben.

„Und warum testen Sie ausgerechnet hier?“

Er ist einfach zu höflich, um mich ohne Antwort im Wasser stehen zu lassen.

Outback – Northern Territory.
Wasserpumpenstation irgendwo in der Mitte von Nirgendwo …

„Die Bedingungen sind eben ideal. Größte Hitze, sintflutartige Regenfälle, schnurgerade Straßen, kaum Verkehr und kein Tempolimit."

Ich sehe ihm an, daß er das ungute Gefühl hat, zuviel von dem gesagt zu haben, was offenbar unter strenger Geheimniskrämerei vonstatten geht.

„Bitte machen Sie keine Filmaufnahmen von uns, wir kriegen sonst Ärger!"

Ich tröste ihn: „Keine Angst, ihr fahrt ja heute nicht mehr und wir sind morgen früh um sechs Uhr auf der Piste nach Kathrine, siebenhundert Kilometer nördlich von hier."

Der Ford-Mann scheint beruhigt. In der Nacht höre ich Stimmen, Schritte, Schlüssel, Türen, leise Wortfetzen, Gelächter. Die Ford-Leute kommen aus der Bar, haben ein bißchen getankt. „Sind aber rücksichtsvoll", denke ich und checke die Uhr. Es ist 3.30 Uhr.

Wir treffen uns um 5.30 Uhr. Vom Frühstücksraum kann man den Parkplatz sehen. Er ist leer. Die Herren Ingenieure haben ihre Testfahrzeuge geräuschlos aus der Gefahrenzone gebracht, wohl, um uns gar nicht erst in Versuchung zu führen.

Am 19. Tag wollen wir eigentlich nur das 700 Kilometer entfernte Kathrine erreichen. Mittagessen aber nicht irgendwo mittendrin, sondern ausgesucht, 400 Kilometer nördlich von Tennant Creek in Daly Waters. Ein Ort, gleichermaßen berühmt wie berüchtigt. Der Ruhm stammt aus den dreißiger Jahren, als aus geographischen Gründen hier Australiens erster internationaler Flughafen entstand. Daly Waters wurde zur Tankstation für die QANTAS – die australische Fluggesellschaft mit dem Ruf, die sicherste der Welt zu

Daly Waters Pub – abseits vom Highway – aber sehenswert.

sein. Und berüchtigt ist der Ort für eine Kneipe, die nicht weit vom Flughafen entstand, „The Daly Waters Pub Outback Servo". Dieses Etablissement hat einen Ruf wie Donnerhall im ganzen Land. Es zu besuchen ist Pflicht für jeden, der die Strecke fährt. Auch für uns, selbst wenn wir den Highway verlassen müssen, wenn auch nur für drei Kilometer westlich durch den Busch. Was wir finden, verschlägt uns den Atem.

Zunächst in Hinsicht auf das hier eingeplante „Lunch". Nichts Appetitanregendes weit und breit. Eher das Gegenteil. Unter Eukalyptusbäumen eine Hütte, von ein paar Nägeln aus der Sträflingszeit mühsam vor dem Einsturz bewahrt.

„Willst Du Benzin, frag an der Bar“ steht auf einem Schild an einem Pfahl zwischen zwei Zapfsäulen, denen nicht unbedingt anzusehen ist, daß sie noch irgendwas von sich geben würden. Links davon zwei Reklametafeln unterschiedlicher Biermarken. Eine unbekannte und eine, die zu den gängigsten Durstlöschern im Outback gehört. Auf der bekannteren Markentafel steht nicht der Bier-, sondern der Benzinpreis, 83,9 Cents pro Liter, umgerechnet 1,10 DM, zum Tageskurs. Recht teuer für hiesige Verhältnisse, aber wir sind im Outback, weit entfernt von jeder Zivilisation und von jeder Konkurrenz.

Ein ausgehöhlter Baumstamm mit trübem Wasser läßt darüber nachdenken, zu wessen Gebrauch diese Tränke wohl gedacht sein mag.

Gegenüber ein Strohmattendach auf zusammengebundenen Baumstämmen als Schutz für die Fahrzeuge vor der sengenden Sonne. Die 45-Grad-Grenze ist überschritten. Was an einer Tank-, Reparatur- und Raststätte im Outback an „Rubbish“ anfällt, liegt verrostet herum und verrottet in der Gegend. Wir entschließen uns zum Eintritt ins „Daly Waters Pub“. Kein Bühnenbildner der Welt könnte ein besseres Szenario entwerfen als das, was sich unseren Augen bietet. Eine Kaschemme – ein „low dive“ der untersten Schublade. Roh zusammengehauene Theke, davor ein paar hohe Barhocker, darauf ein paar Figuren beiderlei Geschlechts, vor denen eine Ansammlung leerer Bierflaschen steht. Lauter, verbaler Frohsinn, in einer unverständlichen Sprache. „Slanguage“ heißt das hier. Australisches Kauderwelsch, verständlich nur jenen „born and bread here“, die hier geboren und aufgewachsen sind.

Der beste Platz ist immer an der Theke … Daly Waters Pub – Northern Territory.

Hinter der Theke ein vierschrötiges Maskulinum, dunkelgraues, schweißverfleckte T-Shirt über beachtlichem Hängebauch. Alle Bewegungen dieses „Outback-Mundschenks" sind auf ein Minimum reduziert, der Flaschennachschub für die pittoreske Kundschaft auf den Hockern findet per gezieltem Schwung über die Thekenplatte statt. Jedwede Veränderung einer Mimik ist nicht zu erkennen. Der Gegenwert für die Getränke wird auf der flachen Hand abgezählt und mit einer schnellen Drehbewegung um 180 Grad auf die Theke geknallt.

„Bist du der Boß?" frage ich den Hängebauch. Er verzieht keine Miene, schüttelt den Kopf, dreht ihn in die Richtung, wo er den Inhaber des „Daly Waters Pub" vermutet. Wir sehen uns um. Die Fenster sind ohne Glas, aber mit „Flyscreens" verrammelt, feinmaschiges Drahtgeflecht gegen alles nur denkbare Ungeziefer. Fliegen, Heuschrecken, Echsen, Ameisen und was sonst noch kriecht, hüpft und fliegt.

Hinter der Theke eine Flaschenwand vom Boden bis zur Decke, mit allem, was in der Welt destilliert wird. Eine andere Wand, tapeziert mit unzähligen Geldscheinen gültiger und ungültiger Währungen an der Decke, ebenso unzählige förmige und unförmige Büstenhalter. Rohe Holztische mit und ohne Stühle, unregelmäßig im vielleicht hundert Quadratmeter großen Raum verteilt. Ein verbeulter Zigarettenautomat in einer Ecke. Ein schmaler Gang, durch einen schiefstehenden Kühlschrank halb versperrt, führt in einen weiteren, hinten liegenden Raum, aus dem Countrymusik zu hören ist.

Unser Auftritt erregt keine besondere Aufmerksamkeit. Man scheint hier nicht zu fragen, woher und wohin. Wer kommt ist da und wird schon selber irgendwann mitteilen, wer er ist und was er macht. Wir versuchen es mit dem landesüblichen „G'day“ und verzeichnen mäßigen Erfolg. Weitere Bemühungen, eine Konversation in Gang zu bringen, werden unterbrochen durch eine stattliche Figur mit einem Kopf Marke „Brutalo-Western“. Bürstenhaarschnitt, abstehende Ohren, unrasiert mit einem Ausdruck im feisten Gesicht, der signalisiert, daß dem Besitzer dieser Visage nichts Menschliches fremd ist. Er kommt aus dem Raum mit der Countrymusik. Schweißnasses, dunkelgrünes T-Shirt, Arme wie Schraubstöcke, Hände wie Schmiedehämmer, ein Bauch wie ein halbvoller Getreidesack. Der Riese hält ein Bierglas mit undefinierbarem Inhalt in der Hand. Während er einen Schluck nimmt, wandern seine Augen über uns hinweg. Der Mann ist der Boß, daran besteht kein Zweifel.

Bruce – Original und Besitzer des Daly Waters Pub.

„Wir würden gern eine Reportage von deinem Pub machen und mit dir ein Interview“.

„Wofür?“ Er nimmt eine Schluck, kaut drauf rum, mustert mich von oben bis unten.

„Für das Fernsehen in Deutschland.“

Das scheint ihn freundlicher zu stimmen. „Kein Problem“, grinst er, „von dort kommen ’ne ganze Menge Leute.“

„Woher wissen die, daß es dich gibt?“
„So was spricht sich rum!“
„Und was hat deinen Pub so berühmt gemacht?“
„Daß wir hier ’ne Menge Spaß haben!“
„Und was macht hier so viel Spaß?“

Wieder ein Schluck und ein breites Grinsen. Bruce, so heißt der Boß, fühlt sich ganz Herr der Situation. Hier draußen nimmt man kein Blatt vor den Mund. Man braucht niemandem zu gefallen, muß auf nichts Rücksicht nehmen.

„Gutes Essen, ein bißchen Schwimmen und Sex.“

Sein Blick geht hinauf zu den Büstenhaltern an der Decke. Offensichtlich hat er angenehme Erinnerungen, sein Gesicht zeigt Milde. Und beim nächsten Schluck schnalzt er mit der Zunge.

„Was trinkst du da?“

„Rum pur, es war eine lange Nacht, gegen den ‚hangover‘. Für heute bin ich auf Diät.“

„Was ist mit dem guten Essen? Was kannst du uns anbieten?“

„Steaks“, sagt er und läßt dabei erkennen, wie dumm die Frage ist. „Steak mit Bier! Hier draußen fragt man nicht nach Salat, Kartoffeln oder gar Gemüse. Wozu auch, die Steaks hängen ohnehin über den Tellerrand. Kein Platz für Beilagen.“

„Woher kommen die Geldscheine?“ will ich wissen.
„Der Bursche vor mir hat sie gesammelt, ich hab’ das übernommen.“

„Und von wem sind die Büstenhalter?"

„Von schlechten Frauen", sagt Bruce, dessen Gesicht sich in Erinnerung an dieselben zu einem breiten Grinsen verzieht.

„Wie lange bist du schon hier?"
„Seit sechs Jahren."
„Und wie lange bleibst du noch?"
„Kommt darauf an, wie lange ich das überlebe!"

Damit wir den Besuch im „Daly Waters Pub" überleben, beschließen wir, nach dem Interview ohne Steaks weiterzufahren. Bruce mag uns verzeihen, aber die hygienische Ausstattung seines berühmt-berüchtigten Schuppens war uns doch etwas zu originell.

Am Ende des 19. Tages erreichen wir Kathrine und treffen eine alten Freund aus den Tagen der Dreharbeiten für den Film „Auf den Spuren der Ureinwohner", Werner Sarny. Er war einer der ersten deutschsprachigen Einwanderer, die sich vor mehr als dreißig Jahren mit den Aborigines zusammengesetzt und verhandelt haben, wie man aus dem, was das Land zu bieten hat, gemeinsam Nutzen ziehen kann. Heute ist Werner Sarny der Inhaber des Reiseunternehmens „Travel North", einiger Hotels und anderer Unternehmungen, deren Erlöse er teilweise an die Ureinwohner weitergibt. Ein Ausflug mit seinen eingeborenen Fremdenführern durch die dreizehn hintereinander liegenden „Kathrine Gorges", mit von Schlucht zu Schlucht kleiner werdenden Booten, ist ein Erlebnis der besonderen Art. Seine Partner, wie er sagt, vertrauen ihm derart, daß sie ihn bitten, die bei ihm verdienten Gelder für sie zu verwalten, damit sie nicht mit ihren Stammesbrüdern und -schwestern teilen müssen, was sie bei ihm verdienen, wie das Gesetz des „Tribes" es verlangt ...

„Spring Vale“, die ältestes „Homestead“ im Northern Territory, nicht weit von Kathrine.

Werner Sarny hat vor fast vierzig Jahren das gleiche gemacht wie wir, mit einem Automobil, allerdings aus dritter Hand, rund um den Kontinent. Irgendwo zwischen Darwin und Kathrine brach das Vehikel zusammen. Die Reparatur dauerte so lange, daß er genügend Zeit hatte, die Gegend zu erkunden und festzustellen, daß es sich lohnen könnte, zu bleiben. Heute befragt, wieviel von der Gegend ihm inzwischen gehört, antwortet er in seinem unnachahmlichen österreichisch-australischen Dialekt: „A bisserl was, but I teil it mit die Aborigines.“

Seine Gedanken kreisen unablässig um mögliche Drehorte für uns, die er für filmenswert hält. Wir entscheiden uns für zwei Motive: Spring Vale, die älteste Homestead im Northern Territory, und eine idyllisch gelegene heiße Quelle, zwei Kilometer außerhalb von Kathrine. Für die will er allerdings noch einige Ureinwohner organisieren, die sich kameragerecht um die Quelle verteilen sollen. Er beschreibt uns den Weg dorthin, in einer halben Stunde wollen wir ihn an Ort und Stelle treffen. Es dauert mehr als eine Stunde, bis Werner Sarny mit strahlendem Lächeln und nur einer Familie erscheint.

„Es ist a bisserl a schlechter Tag heut", sagt er, „aber gestern ham die Aborigines Geld bekommen und heut sans alle noch bsoffen."

Der Familienvater ist uns bekannt, vor zwei Jahren war er unser Bootsführer beim Besuch der „Kathrine Gorges", jetzt ist er Ranger und trägt deren Abzeichen stolz auf seinem Hemdsärmel.

Prachtexemplar von einem „Boab-Baum".

Ich frage nicht danach, bin mir aber sicher, daß er zu denen gehört, die ein von Werner Sarny verwaltetes Konto bei der Bank haben und ihre Kinder in die Schule schicken. Die damit begonnen haben, sich mit dem Verlust ihrer „Dreamtime" abzufinden, sich den unausweichlichen Bedingungen der weißen Zivilisation anzupassen. Wenn dieses Zusammenfinden zweier Kulturen gelingen soll, bedarf es mehr solcher gemeinsamen Unternehmungen, mehr gemeinsamer Erfahrung zwischen Schwarz und Weiß, es braucht einfach mehr solcher Leute wie Werner Sarny. Was immer auch der Grund für die überaus strengen Bedingungen der australischen Einwanderungsbehörden sein mag, das Land braucht Menschen mit Ideen und Unternehmungsgeist.

Donnerstag, 22. Februar. Am 20. Tag werden wir die Grenze zwischen dem Northern Territory und Western Australia erreichen. Knappe

Werner Sarny – einer der ersten Partner der Aborigines an der „Heißen Quelle" bei Kathrine.

Kontrollstation an der Grenze zwischen Northern Territory und West-Australien.

700 Kilometer von Kathrine nach Kununurra. Bei 44 Grad Celsius keine besonderen Vorkommnisse. Riesige Boab-Bäume laden zur Rast am Ufer des Victoria River ein, noch gute 220 Kilometer bis zum Tagesziel. Kurz vor der Grenze eine neu errichtete Station. *Quarantaine Station* steht in großen Lettern über der Straße. Jedes Fahrzeug wird peinlich genau untersucht, auch wir. Raus mit dem Gepäck und allem Gerät. „Habt Ihr was Eßbares dabei, Obst oder andere Lebensmittel?“ Der Ranger notiert die Wagennummern und bedankt sich für das Verständnis und die Mühe, der er uns unterziehen muß. Seit Wochen verkünden Rundfunk und Fernsehen, daß eine gefährliche Fruchtfliege aus Queensland nach Western Australia einzudringen droht, was Farmer und Regierung in Angst und Schrecken versetzt.

Victoria River – Northern Territory.

WESTERN AUSTRALIA

Die Farben von Western Australia.

Western Australia

Mit Erreichen der 4. Zeitzone stellen wir die Uhren um eineinhalb Stunden zurück.

Um 18.30 Uhr ist es stockdunkel, der Himmel über uns ist sternenklar. Das hell leuchtende Kreuz des Südens zeigt uns die Richtung für die nächsten Tage. Am Horizont zerreißt eine endlose Folge von Blitzen den Himmel und zeigt die Konturen gewaltiger Wolkentürme.

„Das ist noch weit weg", sagt man uns im „Country Club Hotel". Wir können uns vorstellen, was uns blüht, wenn diese am Himmel sich aufbauende Wassermasse auf das Land herunterfällt. Heute abend passiert das sicher nicht mehr, jetzt sind wir erst einmal eingeladen zu einem BBQ bei Familie Bolten-Boshamer auf der Oasis Farm, Riverside Road, am Ord River in Kununurra, West-Australien.

Rainer Erler hat mich auf diese Spur gesetzt. Der Autor, Produzent und Regisseur vieler interessanter Bücher und Filme, lebt mit seiner Frau Renate ähnlich lange in Australien wie wir. Allerdings einige tausend Kilometer von uns entfernt an der Westküst. Trotzdem nennen wir uns Nachbarn und sind seit gemeinsamen Filmtagen vor drei Jahrzehnten befreundet.

„Wenn ihr auf eurer Fahrt um den Kontinent nach Kununurra kommt", empfahl er mir in seinem Haus am Sunset Hill, „besucht Frauke Bolten-Boshamer. Sie ist eine außergewöhnliche Frau, ihre Lebensgeschichte bietet Stoff für einen ganzen Film."

Jetzt sitze ich neben ihr. Um einen riesigen Tisch hat sich die Familie versammelt. Frauke, ihr zweiter Mann Robert, ihre fünf

Frauke Bolten-Boshamer auf ihrem Grund am Ord River – Western Australia.

Kinder, zwei Enkelkinder, eine Schwiegertochter, ein Schwiegersohn. Dazu zwei Mädchen zu Besuch aus Deutschland und wir, das mit vermutlich gemischten Gefühlen erwartete Filmteam.

Eine fröhliche Gesellschaft unter einem gewaltigen „Gumtree“, Ich meine, er sei mindestens hundert Jahre alt. Robert erklärt, er sei erst vor knapp zwanzig Jahren gepflanzt worden. Die auf dem Tisch flackernden Kerzen werfen ein warmes Licht in seine Blätter. Die weitere Umgebung über den sanften Hang hinunter zum Ord River wird durch die zunehmenden Blitze am Horizont immer wieder taghell erleuchtet. Die Nacht bringt kaum Kühlung in diese gespenstische Szene, 30 Grad Celsius sind es gut und gerne immer noch.

„Wenn ihr die Krokodile unten im Fluß sehen wollt", sagt Fraukes Mann, „bring' ich euch runter und zeig' sie euch im Scheinwerferlicht. In solchen Nächten kommen sie gern ans Ufer."

Wir bewundern die Echsen aus gebührender Entfernung und kehren mit Roberts beruhigender Erklärung, es seien Süßwasserkrokodile und keine für Menschen gefährlichen „Salties", an den reich gedeckten Tisch zurück.

Es gibt Curry Beef, Reis, selbstgezogene Kichererbsen, Salate, Melonen von den eigenen Feldern, eine Süßspeise aus Mangofrüchten, Nußcreme, Käse, selbstgebackenes Brot. Aus mit Eis gefüllten Kisten holt sich jeder sein Getränk selbst, Wasser, Saft, Milch, Wein oder Bier. Frauke Bolten-Boshamer beobachtet die Runde, betreut alle gleichermaßen aufmerksam, lenkt die angeregte Unterhaltung, ist der Mittelpunkt. Sie ist schlank, fast zierlich, hellwache dunkle Augen in einem jungen Gesicht. Sie scheint immer in Bewegung, auch wenn sie sitzt. Wer sie aus dem Kreis anspricht, nennt sie „Mutti", auch ihre australischen Schwiegerkinder.

„Tja", wendet sich sich plötzlich direkt an mich, „das ist nun meine Familie. Über die wollen Sie ja wohl was wissen." Und dann erzählt sie, fast unvermittelt, ohne Getue und Geziere ganz einfach ihre Geschichte.

Während ich zuhöre, weiß ich, daß ich ein Problem habe. Was diese Frau hier oben, am Top End Australiens erlebt hat, kann man nicht in wenigen Minuten erzählen. Aber mehr habe ich an Zeit nicht zur Verfügung. Rainer Erler hatte recht, Fraukes Leben bietet Stoff für einen ganzen Film. Und Thomas Neuschwander, der für TERRA AUSTRALIS zuständige Redakteur in der Fernsehdirektion des Bayerischen Rundfunks, hatte ein Einsehen. „Die Geschichte von Frauke Bolten-Boshamer wird die nächste Folge von TERRA AUSTRALIS“, sagte er. Wir konnten sie drehen, bevor dieses Buch geschrieben war.

Frauke Bolten kam mit ihrem Mann Friederich und vier Kindern 1982 nach Australien. Davor lebte die Familie gut auf einem Bauernhof im Norden Deutschlands. Aber Friederich Bolten suchte die Herausforderung als Farmer auf der anderen Seite des Globus. Der hohe Norden West-Australiens schien ihm geeignet, er verließ Haus und Grund und zusammen mit seiner Familie die Heimat. Frauke sah dem Abenteuer mit Sorge entgegen und nahm ihrem Mann das Versprechen ab, seine Familie nach zwei Jahren zurückzubringen, sollten sich seine Erwartungen in der neuen Welt nicht erfüllen. Fraukes Sorgen bestätigten sich, doch Friederich Boltens tragischer Tod verhinderte die versprochene Rückkehr der Familie. Hab und Gut waren verkauft. Frauke fürchtete Hohn und Spott all derer, die sie gewarnt hatten, und mehr noch den Vorwurf gegenüber ihrem toten Mann, er habe das Glück seiner Familie zerstört.

Allein mit vier Kindern saß sie auf einem für ihre Verhältnisse riesigen, unbewirtschafteten Besitz. Der älteste Sohn war vierzehn Jahre alt, die jüngste Tochter gerade geboren.

„Ja“, erzählte Frauke, sie beginnt und endet gerne ihre Sätze mit diesem „Ja“, „mir blieb gar nichts anderes übrig, als hart zu sein und irgendwas anzufangen. Wir waren ja nun mal da und zu Hause war ja nichts mehr.“

Und dann entschied sie, einen Teil der vier Farmen, die ihr Mann gekauft hatte, zu verpachten und den Rest selber zu bewirtschaften. Eines Tages stand ein junger Mann vor der Tür und bat

Robert und Fritz Bolten-Boshamer, Vater und Stiefsohn, vor ihrer Zuckerrohr-Plantage.

sie, ihm eine Maschine zur Bodenbearbeitung zu leihen. Frauke lehnte ab und schickte ihn wieder weg. Einige Tage danach erhielt sie den Anruf eines Bekannten.

„Du hättest dem Jungen die Maschine leihen sollen, er ist ein Freund von mir und ein guter Farmer aus Queensland."

„Dann soll er wiederkommen und das Ding holen", sagte Frauke und ging wieder an die Arbeit. Der junge Farmer kam tatsächlich, holte die Maschine, brachte sie irgendwann zurück und blieb. So wurde aus Frauke Bolten Mrs. Bolten-Boshamer. Robert Boshamer ist studierter Agronom und brachte die „Oasis Farm" in den vergangenen zwölf Jahren mit enormem Fleiß und neuen Ideen im wahrsten Sinne des Wortes zu blühendem Erfolg. Die Familie hat ihn als neuen Vater akzeptiert und keinen schert es, daß er elf Jahre jünger ist als Frauke. Sein ältester Stiefsohn, Fritz, nur elf Jahre jünger, sagt: „Wir haben einen neuen Vater und einen sehr guten Freund!"

Die Geburt ihres fünften Kindes, so sollte man meinen, hätte Fraukes Tätigkeitsdrang hinreichend gestillt. Der Anruf einer Freundin in Not stellte sie jedoch vor eine neue Herausforderung. Für ein in Schwierigkeiten geratenes Juweliergeschäft in der

3000 Kilometer entfernten Hauptstadt Perth sollte sie mit guten Dollars aushelfen. Sie flog hin, begutachtete das Dilemma und beschloß, statt Geld zu verleihen, den Laden zu kaufen und ihn – welch aberwitzige Idee – nach Kununurra zu verlegen. Ein Juweliergeschäft in einer von der Welt abgeschiedenen Gemeinde von Farmern und Aborigines, wohl aber mitten in einer der schönsten Landschaften Australiens, den Kimberleys. Und nur zwei Autostunden entfernt von Argyle, der größten und ergiebigsten Diamantenmine der Welt, der einzigen, wo der sagenhafte „Pink Diamond" gefunden wird.

Ahnen Sie, wie die Geschichte weitergeht? Frauke führt heute ein ungewöhnliches Leben zwischen Zuckerrohr und Diamanten.

Robert Boshamer – Philosoph unter den Farmern – auf seiner Farm in Kununurra – Western Australia.

Am nächsten Tag erwischt es uns. Während der Dreharbeiten in den Zuckerrohrfeldern gehen unsere Blicke immer öfter und immer besorgter zu dem immer schwärzer werdenden Himmel hinauf. Die Luft ist wie in einer heißen Waschküche, das Atmen wird schwer. Wenn runterkommt, was sich da oben zusammenbraut, werden wir das Hotel nicht mehr erreichen. Also machen wir uns

Nach dem ersten Regenguß ...

auf den Heimweg. Wenn wir schon für die nächsten Tage steckenbleiben, dann wenigstens mit einem Dach über dem Kopf, in einem Bett in einer sicheren Unterkunft, als irgendwo in einer Senke des Highways in einem Auto, dem das Wasser bis an die Fenster steht. Und um 19.40 Uhr am Freitag, dem 23. Februar, öffnet der Himmel seine Schleusen mit einer Gewalt, die uns erschrecken läßt. Also hat's uns doch erwischt. Wir begreifen, wovor uns alle so eindringlich gewarnt hatten. Bleibt nur abzuwarten, wie lange wohl anhalten wird, was sich da draußen abspielt.

Und dann entdecken Gundel und ich, daß wir unsere Regenausrüstung im Wagen haben. Auf dem Parkplatz. Und daß wir Gummistiefel, Ölmantel und Akubra brauche, wenn wir nicht hungrig in unserer Behausung bleiben wollen, gute zweihundert Meter entfernt von einem bemerkenswert guten Restaurant. Wie ich unser Team kenne, sitzen die anderen bereits mit einem Bier an der Bar und warten auf das gemeinsame Abendessen. Da bleibt nur eins: ausziehen bis auf die Haut, Badehose an und raus durch die Sturzflut zum Parkplatz, das Regenzeug aus dem Wagen holen. Gundel ist von der Idee nicht sonderlich begeistert. Sie sieht mich bereits vom Blitz getroffen auf der Strecke bleiben. Letztlich aber muß auch sie einsehen, daß das Ergebnis, entweder vom Blitz erschlagen zu werden oder zu verhungern, zumindest von ähnlich tragischer Konsequenz ist. Unser Auftritt im Restaurant eine halbe Stunde später, vermummt bis zur Unkenntlichkeit, triefend von oben bis unten, eine Wasserlache, wo wir stehen, wird mit Beifall belohnt.

Samstag, 24. Februar. Der Regen hat in der Nacht aufgehört. Die Strecke für heute, 400 Kilometer von Kununurra bis Halls Creek, wäre kein Problem. Ob wir durchkommen, ist die Frage. Der Wetterbericht meldet einige überschwemmte Gebiete, durch die der Highway führt, und über dem nördlichen Teil des Kontinents eine Wetterkonstellation, die einen Zyklon befürchten läßt. Beratung im Team. Ergebnis: Wenn wir anfangen, auf Meldungen im Radio und Fernsehen zu reagieren, unsere Planung vom Hörensagen diktieren lassen, werden wir es nie schaffen. Also los und probieren, wie weit wir kommen. Die drei Funktelefone sind außer

„Fitzroy Crossing“ – Western Australia.

Netzreichweite, aber wir haben unser Satellitentelefon. Zur Sicherheit ein Anruf bei dem Wetterfrosch am Flugplatz von Kununurra. Die augenblicklichen Umstände, meint er, seien nicht ungünstig, über die Straßenzustände kann er uns nichts sagen. Gundel besteht als verantwortliche Produzentin auf einer letzten Sicherheitsmaßnahme: Anruf bei Heliwork. Lance Conley, in der Gegend bekannter Hubschrauberpilot und Besitzer eines Bell Jet Rangers, verspricht, uns auszufliegen, wo immer wir steckenbleiben sollten. Natürlich gilt das nur für das Team und nicht für Material, Kamera, Licht und Ton. Was wir sonst an eineinhalb Tonnen mitschleppen, bliebe auf unbestimmte Zeit irgendwo im Outback im Wasser liegen. Keine besonders tröstliche Vorstellung. Schon gar nicht, als wir beim Auschecken an der Rezeption die wildesten Geschichten hören. Das kann Wochen dauern, bis das Wasser abläuft. Unvorhersehbare Strömungen haben ganze Road Trains mitgerissen, und dergleichen mehr.

Um 10.00 Uhr starten wir in Richtung Südwest auf dem Great Northern Highway 1 westlich entlang an einem der größten Wasserreservoirs der Welt, dem künstlich angelegten „Lake Argyle“. Mit seinem Wasser könnten die trockenen Wüsten des Northern Territory und West-Australien bewässert werden. Erny Bridge, einst Countrysänger, später als erster Aborigine-Minister im west-australischen Parlament, schrieb darüber sein berühmt gewordenes Lied „The Great Australian Dream“, eine Wasserpipeline aus dem Lake Argyle, von Nord nach Süd mit Abzweigungen in die Tanami-Wüste und in das riesige Gebiet der „Great Sandy Desert“. Ein Traum, von dem er überzeugt ist, daß er Wirklichkeit werden wird.

Wir passieren das Gebiet der größten Diamantenmine der Welt, „Argyle Diamonds", die ein Drittel des Weltbedarfs an Diamanten fördert, darunter einige der wertvollsten je gefundenen „Pink Diamonds", der Rosa Diamanten.

Nur wenige Straßenabschnitte sind überflutet, kein Problem für die Range Rover. Vor uns in Fahrtrichtung wird der Himmel immer blauer. Das Glück bleibt uns treu bis Halls Creek, wo wir zu unserer Überraschung ein besonders schönes Hotel vorfinden. Ich bereite mich auf den nächsten Morgen vor. Eine Begegnung der besonderen Art. In einer Aborigine Community soll ich zwei Männer treffen, die sich in ihrem Tribe eine Namen gemacht haben. Sam Lovell gilt als „Vater des von den Eingeborenen selbst

Wenn's nicht schlimmer kommt ...

organisierten Tourismus", Sandy Cox ist ein renommierter Künstler. Welcher Art, gilt es herauszufinden.

Es ist früh am Morgen, der Regen hat wieder eingesetzt, wir sind auf dem Weg in die Milba Community. Es hat sich offenbar herumgesprochen, daß ein Fernsehteam kommt. Fröhlich im lang ersehnten Regen tanzende Ureinwohner am Straßenrand. Wir müssen stehenbleiben, um zu verhindern, daß sich das Spritzwasser unserer Reifen in Schwällen über sie ergießt. Das scheint ihnen besonderen Spaß zu bereiten. Der Weg zum vereinbarten Treffpunkt zieht sich hin, hinaus aus dem Randgebiet von Halls Creek in ein hügeliges Gelände. Eine halbe Stunde fast, entlang gewundener Feldwege, von der Nässe dunkelrot gefärbt durch eine schlammig rote Brühe in vollgelaufenen Mulden. Der Regen läßt nach. Irgendwann ein Zaun, dann etwas, das wie ein Tor aussieht. Ein großes, gelbes Schild daneben: Milba Community, ein paar Zahlen und der Hinweis, daß das Betreten der Community der Erlaubnis ihrer Vertreter bedarf. Die haben wir.

Die Community besteht aus einer Anzahl neu gebauter, weit auseinander liegender Häuser. Rechteckig, einstöckig mit Flachdächern. Die meisten Türen stehen offen, links und rechts je ein Fenster, die meisten sind von innen mit bunten Stoffen verhängt.

Die Anordnung läßt erkennen, daß nicht der Eindruck einer Straßensiedlung entstehen sollte, sondern eher ein Rund um einen gewaltigen, freien Dorfplatz. Der ist mit gestampftem gelbrötlichem Sandstein bedeckt, blitzsauber und mit Holzstangen eingefaßt. Während wir den Platz in Richtung Community House überqueren, kommen aus allen Richtungen Kinder, die sofort beginnen, eine Art Cricket zu spielen, sich dabei aber erkennbar für uns

„Milba Community" – Halls Creek – Western Australia.

interessieren. Sie sind auffallend gut angezogen, unterscheiden sich einfach von dem, was wir bisher gesehen haben. Und wie für diese Szene verabredet, teilen sich die Wolken, und ein Sonnenstrahl beleuchtet das für eine Aborigine Community eher ungewöhnliche Bild einer heilen Welt.

Wir fragen nach Sam Lovell und Sandy Cox, erfahren, daß sie auf dem Weg sind. Ich versuche zu den Kindern Kontakt zu finden, was mühelos gelingt. Sie zeigen keinerlei Scheu, im Gegenteil. Gundel ist umringt von ihnen und beantwortet neugierige Fragen.

Aus einem ankommenden Jeep steigen zwei imposante Figuren, beide weißhaarig, unterschiedlich groß, mit schon aus einiger Entfernung erkennbarer natürlicher Autorität. Der kleinere Mann ist Sam Lovell, der größere Sandy Cox.

Sandy trägt ein flottes dunkelblaues Hemd mit breiten weißen Streifen, gibt sich reserviert. Sams breites Lächeln offenbart eine gewaltige Lücke in der oberen Zahnreihe. Auf dem Kopf sitzt schräg ein Akubra. Ich habe keinen Zweifel, Sam ist der Boß. Daher bedanke ich mich bei ihm für den Empfang in der Community und die Bereitschaft zu einem Gespräch.

Sam Lovell und Sandy Cox – zwei Bosse in der „Milba Community" in Halls Creek – Western Australia.

Als die Kamera in Position ist, stelle ich Sam auf deutsch vor, als Vater des Tourismus der Aborigines. Sam nickt und lacht. Ob er verstanden hat, was ich gesagt habe, will ich wissen.

„You called me the father of tourism", sagt er und strahlt mich an.

„Aha, du sprichst also etwas Deutsch?“ Sam nickt. Ob auch Sandy versteht? Er schüttelt etwas verlegen den Kopf.

„Was bedeutet denn dieses ‚Vater des Tourismus der Aborigines‘?“

Sam läßt sich Zeit mit der Antwort, wird ernster. „Ich hatte das Gefühl, daß es da einiges gab, was wir selber in die Hand nehmen müßten. Wir haben uns daran gewöhnt, andere für uns denken zu lassen. Andere entscheiden zu lassen, was für uns richtig oder gut sein sollte. Das war eben oft falsch. Auf unserem eigenen Land hatten wir selbst so gut wie nichts mehr zu sagen. Man brachte Touristen zu uns, die wild in der Gegend herumliefen, alles und jeden fotografierten, ohne sich nach unseren ‚sacred places‘ zu erkundigen. So trampelten sie durch unsere heiligen Orte, ohne es zu wissen. Das verletzte unsere Gefühle und das wollten wir nicht länger widerspruchslos hinnehmen.“

„Was konntet ihr dagegen tun?“

„Das Mabo-Urteil hat uns ja Rechte eingeräumt, die wir nur wahrnehmen müssen. Wir haben gesagt, daß wir nicht mehr nur passiv rumsitzen dürfen, sondern versuchen müssen, den Touristen zu erklären, wie sie sich verhalten sollen.“

„Warum habt ihr nicht einfach eure Community geschlossen, keine Touristen mehr reingelassen? Wollt ihr eben doch deren Geld?“

Sam wird sehr ernst. „Nein, nicht wegen Geld haben wir nach Verständigung gesucht, das war nicht der Grund. Wir hören immer wieder von der notwendigen Versöhnung zwischen Schwarz und Weiß. Aber vor der Versöhnung muß Verständnis füreinander da sein. Deswegen habe ich meine Leute gebeten, mir zu helfen,

Fremden, die uns besuchen, zu sagen und zu zeigen, wie wir leben und welche Probleme wir haben."

„Was sind eure Probleme?"

„Wir sind in der zweihundertjährigen Geschichte seit der Besiedlung unseres Landes immer isoliert geblieben, hatten keinen Anteil an der Entwicklung. Der Sprung aus der vierzigtausendjährigen Geschichte der Ureinwohner in die moderne Zivilisation war zu groß und ist es für die meisten von uns immer noch. Sie geben einfach auf, lassen sich fallen, machen nicht mehr mit oder wie du das sonst nennen willst."

„Aber ihr bekommt doch von der Regierung eine Menge Geld. Was geschieht damit?"

„Das ist eines der Hauptprobleme. Viele von uns wissen damit nichts anzufangen. Zuviel Geld für das Nichtstun. Keine Ausbildung, keine Schulen, die meisten können weder lesen noch schreiben, also suchen sie irgendeine Art von Entertainment und die einzige Möglichkeit dafür sind die Pubs, die Kneipen."

Ich spüre, daß die Unterhaltung einen kritischen Punkt erreicht.

„Ist Alkohol euer Hauptproblem?"

Sam und Sandy sehen sich an, schweigen eine Weile, nicken.

„Ja", sagt Sam leise, „das ist wohl so."

Sandy wird etwas unruhig, weiß wohl nicht so recht, ob er sagen soll, was ihn bewegt, dann entschließt er sich: „Ich war selber ein Trinker. Ein schwerer Trinker. Ich weiß, wovon ich rede."

„Ihr seid doch beide hoch respektierte Männer hier in der Community. Könnt ihr euren Brüdern und Schwestern nicht klar machen, wohin der Alkoholismus führt? Warum ist das so schwer, euren Leuten das beizubringen?"

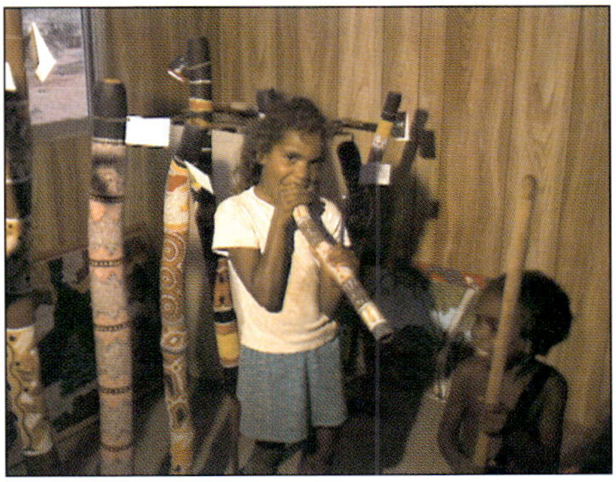
Übung macht den Meister.

„Das tun wir ja. Und hier haben wir auch Erfolg. Unsere Community ist trocken. Alkohol ist streng verboten und unsere Leute halten sich daran. Sie haben die Vorteile erkannt, fühlen sich wohler und freier." Sandy redet sich in Eifer. „Aber so viele verpassen den Augenblick, wo sie erkennen müßten, daß ihnen die Flasche Krankheit und Tod bringt. Sie trinken sich glücklich und merken nicht, daß sie der Teufel bei der Hand hält. Und wenn sie es merken, ist es zu spät. Ich hab', Gott sei Dank, noch begriffen, daß der Alkohol nicht gut ist für mich."

Didgeredoos.

Jetzt schnitzt Sandy Didgeredoos und Drumsticks, Ohrringe und anderen Schmuck aus Holz und den verschiedensten Materialien, die die Natur in der Milba Community wachsen läßt. Ein einträgliches Kunsthandwerk.

„Bringen die Touristen denn nicht neue Probleme in euren Stamm? Prallen da nicht ständig die Gegensätze aufeinander?"

„Doch", sagt Sam, „aber damit müssen wir leben, wir schaffen das schon."

„Und wie?" will ich wissen.

Sam lächelt wieder freundlich. „Ich sage meinen Leuten immer wieder, zeigt und erzählt den Touristen nur, was sie verstehen. Sagt ihnen deutlich, daß es für uns Eingeborene Dinge gibt, über die wir nicht reden dürfen. Daß es für Männer, Frauen und Kinder unterschiedliche Tabus gibt, daß wir auf unserem Land heilige Stätten haben, die wir nicht betreten und fotografiert haben wollen. Daß wir den gleichen Respekt erwarten, den wir ihnen entgegenbringen."

„Und das funktioniert?"

„Ja, das tut es", sagt Sam stolz und Sandy nickt. „Sieh dich hier um. Unsere Kinder gehen in die Schule, sind gesund und fröhlich. Bei uns gibt es unterschiedliche Meinungen und Streit, aber keine Schlägereien von Betrunkenen mehr oder Schlimmeres. Wir sind zufrieden mit dem, was wir erreicht haben."

Am Abend laden wir Sam Lovell und seine Frau Rosita zum Dinner ein. Er erzählt aus seiner Vergangenheit und viel über seine Pläne für die Zukunft. Ein Mann, hinter dessen Lächeln sich eine starke Persönlichkeit verbirgt, ein „Leader" mit Visionen für seinen Tribe und ein Vorbild für die vielen im Land, die nach ihrer Identität suchen.

Sonntag, 25. Februar. 23. Tag. Wir wissen nicht genau, ob wir die Hälfte der Strecke schon hinter uns haben. Die Tachos zeigen 9300 Kilometer an, die 10 000-Kilometer-Inspektion der Wagen ist für Broom vorgesehen, der berühmten Perlenstadt am Indischen

Das „Quality Inn“ – Fitzroy Crossing – Western Australia.

Ozean. Bis dahin sind es noch 700 Kilometer. Nach unserer bisherigen Erfahrung werden es insgesamt an die 18 000 Kilometer werden. Heute heißt unser Ziel Fitzroy Crossing. 350 Kilometer geradeaus mit Tempomat. In der Nacht hat es wieder geregnet, die Luft hat sich auf angenehme 33 Grad Celsius abgekühlt. Alle Wolken haben sich verzogen, das Land hat die vom Himmel gefallenen Wassermassen verschluckt.

Kameramann Robert Heazlewood hat die Information bekommen, in Fitzroy Crossing lebe ein Mann namens Peter Ross, der, wenn er gut gelaunt sei, viel erzählen könne. Seit vierzig Jahren ist er mit einer Aborigine-Prinzessin verheiratet und Ratsmitglied der Stadt. Außerdem gibt es im Ort eine Radiostation nur für die Aborigines

Tropenpracht bei Fitzroy Crossing – Western Australia.

und eine Stelle, wo der alte Highway 1 mitten durch den Fitzroy River führte, befahrbar nur, wenn das Flußbett ausgetrocknet war.

Ein paar vollgelaufene „Creeks" haben wir problemlos überquert, am späten Nachmittag finden wir unser Quartier, die Fitzroy River Lodge, ein unerwartetes, kleines Paradies, in dem wir wohl die einzigen Gäste sind.

Montag, 26. Februar, 7.30 Uhr. Wir fahren zur Tankstelle. Die Wand hinter der Theke mit der Registrierkasse ist vollgehängt mit Bildern von der Flutkatastrophe vor vier Jahren.

„Wochenlang waren wir abgeschnitten", erzählt der Tankwart.

„Es gab nichts mehr im Ort. Keiner kam rein, keiner mehr raus. Ein paar Road Trains waren unterwegs. Über tausend Kilometer Umwege hatten sie hinter sich. Bis auf hundert Kilometer kamen sie an uns heran, dann sackten sie weg. Kippten um, das ganze Zeug war verdorben und verloren." Hubschrauberaufnahmen dokumentierten die Katastrophe.

Die Bilder können uns heute nicht schrecken, der Himmel ist stahlblau. Wir fahren hinunter zum Fitzroy River, an die Stelle, wo vor Jahren der Highway durch eine Schlucht direkt in das Flußbett führte. Die letzten Regentage haben es mit braunrotem Wasser gefüllt, in dessen Strömung allerlei Büsche und von den Ufern weggerissene Bäume treiben. An beiden Ufern lagern unter bunten Decken, die mit Stricken an Baumästen als Dächer gespannt sind, Aborigine-Familien, deren Kinder mit viel Gekreische im Fluß baden – trotz Krokodilen. Sie rufen uns etwas zu, was wir nicht verstehen, und winken in eine bestimmte Richtung. Bis wir merken, daß sie glauben, wir haben uns verfahren.

Peter Ross – Stadtrat und Original – ein Waisenkind aus England. Beerdigungsunternehmer und Ehemann einer Aborigine-Prinzessin ...

Hier wären wir also vor ein paar Jahren nicht weitergekommen. Über die Brücke, zwei Kilometer flußaufwärts, finden wir die Straße zum „Geiki Gorge", wo wir Peter Ross treffen sollen, Ehemann einer Aborigine-Prinzessin, Ratsmitglied der Stadt Fitzroy Crossing und ein Original, dessen Sprache lediglich aus aneinandergereihten Flüchen bestehen soll. Klingt vielversprechend. In einem tropischen Urwaldstück, wo nur unsere Range Rover noch eine Chance haben, durchzukommen, finden wir ihn, an der Seite eines Eingeborenen, der gerade einen Fisch und sein selbstgebackenes Brot verzehrt.

„How are you and where the hell do you come from?" Wie geht's euch und wo zum Teufel kommt ihr her?" Peter Ross hält, was man uns von ihm versprochen hat. Ein Klotz von Mann, an die hundertzwanzig Kilo, schätze ich, einen gewaltigen Rundschädel, auf dem ein Hut, der nur noch ahnen läßt, daß es mal ein Akubra war. Nicht genau zu erkennen, ob er überhaupt noch einen Zahn im Mund hat. Das also ist der Prinzgemahl und Ratsherr von Fitzroy Crossing. Offene Sandalen, kurze Hose über dem Bauch, ein kurzärmeliges Hemd undefinierbarer Farbe. Meine Bitte zu einem Gespräch beantwortet er mit: „Bloody well", was vielleicht soviel heißt wie „verdammt gern". Aber erst verabschiedet er seinen eingeborenen Freund mit einigen unverständlichen Ratschlägen.

„Laßt uns runtergehen zum Fluß, hier gibt's zu viele Fliegen und Schlangen und außerdem könnt ihr im Gorge an den Felsen sehen, wie hoch das Wasser vor ein paar Tagen hier stand."

„Wie lange lebst du schon hier, Peter?"
„Mein ganzes Leben lang, seit ich als Waisenkind hierhergeschickt wurde."
„Von wo?"
„Von Liverpool, England, I'm a bloody Pomy." Ich bin ein verdammter Engländer.

„Stimmt es, daß du mit einer Aboriginal Lady verheiratet bist?"
„Das ist verdammt noch mal wahr und zwar seit 42 Jahren!"

„Ich fange an nachzurechnen, wie alt er sein mag. Undefinierbar wie die Farbe seines Hemds. Irgendwo zwischen vierzig und siebzig. Wenn er als Waisenkind kam, vielleicht mit zwanzig geheiratet hat, dürfte er so alt sein wie ich, also siebzig.

„Was hast du in den sechzig Jahren gemacht, die du hier bist?"

Er hat's bemerkt, grinst mich zahnlos an.

„Du bist nah dran, ich bin blutige siebzig Jahre alt. Aber das ist kein Problem und gemacht hab' ich alles, was man in diesem verdammt schönen Land machen kann. Ich hab' Krokodile gefangen, Kamele gejagt, wilde Pferde und Rinder getrieben, war mit den Eingeborenen zusammen überall, wo ihr auch heute mit euren verdammten Autos noch nicht hinkommt. Ich hab' gerodet und gebrannt, Land urbar gemacht und den Eingeborenen vieles beigebracht – und die mir!"

„Und jetzt bist Du Councillor, Ratsherr, hier in Fitzroy Crossing?"
„Bloody true!"
„Du arbeitest also für die Gemeinde."
„Nee, nicht arbeiten. Beraten, was die hier so machen sollen."
„Und was ist das?"
„Aufpassen, daß die verdammten Touristen nicht alles kaputt machen hier. Und dann, daß die Leute richtig unter die Erde kommen!"
„Wie denn das?"
„Na ich bin hier der „Undertaker" – der Leichenbestatter."
„Und davon lebst du?"
„Jetzt nicht mehr so gut wie früher. Wir haben jetzt zwei Doktoren, die sind zu gut. Letzte Woche hab' ich allerdings zwei Leichen gehabt, für die hab' ich mich bei den Doktoren bedankt."
„Also kein besonders gutes Geschäft als Undertaker?"

„Es geht", sagt Peter Ross, der Gemütsmensch, „früher waren die Leichen mehr, jetzt sind sie dafür besser. Vor ein paar Jahren wurden die Eingeborenen in Tücher gesteckt und in einem Loch verscharrt. Jetzt zahlen sie bis zu 1500 Dollar für den Sarg, für Hemd und Socken, Samt und Seide und den anderen verdammten Schnickschnack. Es geht schon."

„Na, hoffentlich brauche ich deine Dienst nicht.“ Das sollte kein humoriger Versuch sein, das Gespräch zu beenden. Aber seine Pointe ist besser, nach schallendem Gelächter mustert er mich von oben bis unten: „Warum nicht, es ist doch verdammt schön hier!“

Auf der anderen Seite des Flusses liegt die Radio Station für alle Eingeborenen-Communities im Fitzroy Valley. An einem mit Buschbesen blitzblank gefegten Platz, auf dem buntgekleidete Aborigine-Kinder die gleichen Spiele spielen wie bei uns, Verstecken, Nachlaufen und Dritten abschlagen, ist ein moderner Sendeturm errichtet, als Relaisstation für Funk und Fernsehen. Das zwei Meter hohe und drei Meter breite Schild am Eingang informiert den Besucher, daß es sich hier um die Wangki Yupurnanupurru Radio Station handelt, die auf der Frequenz 106,1 FN sendet.

Alles High-Tech, die ganze Station liegt da wie neu. Aber kein Mensch ist zu sehen. Daß der Sender arbeitet, beweist unser Radio, auf der Frequenz läuft Aborigine-Musik. Wir fahren um den Block herum, suchen den Eingang im rundum laufenden, zwei Meter hohen Drahtzaun. Das Tor steht offen. Auch die Glastüre zum Empfangsgebäude. Hinter dem Tisch ein leerer Stuhl. Am Ende des schmucklosen Raumes eine Tür hinaus auf einen mit einem Sonnensegel überspannten Innenhof. Schwer zu erkennen, ob es sich um eine Art Warenlager oder Schrottablageplatz handelt. In der Mitte ein Gartentisch, um den herum auf wackeligen Stühlen drei Figuren sitzen, eine weibliche, zwei männliche. Vor ihnen je ein „mug“, so heißen hier Trinkbecher mit Henkel. Die drei Figuren sehen uns an, keine Ahnung, was sie mit uns anfangen sollen. Einer der beiden Männer ist dick, glatzköpfig, weiß. Der andere ist wesentlich älter, sehr schlank, gutaussehend,

Nirili – Chefsprecher der Aborigine-Radiostation von Fitzroy Crossing.

weißhaarig, schwarz. Die junge Dame, schätzungsweise um die Zwanzig, eine Zigarette im Mundwinkel, ebenfalls schwarz. Eine Aborigine-Schönheit.

Ich stelle uns vor und sage, was wir wollen: „Deutsches Fernsehen, auf dem Weg rund um Australien, ist ein Interview möglich über die Arbeit der Station?“

Die drei überlegen wohl, ob sie jemand auf den Arm nehmen will. Ich überreiche dem dicken Weißen meine Visitenkarte. Das geprägte GREENWOOD PRODUCTIONS scheint ihn zu beeindrucken. Er zeigt auf den gutaussehenden Aborigine: „Das ist Nirili, unser Chefsprecher.“ Der verzieht keine Miene, sieht uns nur der Reihe nach über den Rand seiner Halbbrille an und nickt.

„Und das ist Roselyn, unsere Chefsprecherin", sagt der dicke Weiße und setzt gleich hinzu: „Ich bin Ron, der Manager."

Das war also geklärt. Nachdem wir uns vorgestellt haben, geht' s zur Sache.

„Im Augenblick läuft unsere Musiksendung ohne Ansagen, noch eine halbe Stunde, dann kommt der ‚Station break', die Stationsansage und dann macht Nirili sein Programm mit Aborigine-Musik und Meldungen für die verschiedenen Stämme im Sendegebiet. Wenn ihr wollt, könnt ihr in der Zwischenzeit aufbauen, im Studio oder wo ihr wollt."

Nach Besichtigung der Lokalitäten entscheiden wir uns für das Sendestudio. Es ist winzig, aber angenehm gekühlt, während alle anderen Räume die gleiche Temperatur aufweisen wie draußen, gute 40 Grad Celsius.

Nirili kommt langsam in Schwung. Mit flinken Fingern legt er an seinem Schaltpult Hebel um, drückt Knöpfe, dreht Kurbeln, zieht Regler. Dann macht er einen Sprechtest.

„Was ist das für eine Sprache?" will ich wissen. Seine Antwort bleibt völlig unverständlich, trotzdem versuche ich zu wiederholen: „Womajalli?"

Nirili schaut nachsichtig vor sich hin: „Woymahalli", versuche ich es noch einmal. Nirili lächelt und schüttelt den Kopf: „Woylmaghalli". Ich versuch's wieder. Nirili bleibt ungerührt, macht aber einen letzten Versuch, wobei er das Wort in der Mitte trennt. „Woylma-ghalli!"

Das habe ich doch gesagt, denke ich, er scheint meine Gedanken zu lesen und gibt sich netterweise zufrieden.

„Ich muß jetzt anfangen", sagt er und zeigt auf seine goldene Armbanduhr.

Ich bitte ihn, die erste Ansage in seiner Sprache zu machen und gleich danach die Musikkassette einzuschieben. Er nickt, konzentriert sich auf sein Mischpult, legt die Kassette ins Deck, zieht einen Regler auf und legt los: „Good morning aboriginal people, we hope you will enjoy our program today with aboriginal music."

Nirili vergißt völlig, daß er mir gerade versprochen hat, in seiner Stammessprache zu moderieren. Dann fällt es ihm wieder ein und er mischt ein paar Brocken davon in den Rest seiner Ansage. Dabei gehen seine Augen über die Instrumente, wobei er den Kopf hebt und senkt, je nachdem, ob er durch oder über seine Halbbrille sehen kann, was er zu sehen wünscht. Es ist fast die gleiche Brille, wie ich sie vor Jahren bei der Talkshow „Heut' abend" in der ARD eingeführt habe.

Nirili ist mit seiner Ansage fertig, er dreht sich zur Seite, um das Kassettendeck zu schließen und die Musik abzufahren. Da fällt ihm offensichtlich ein, daß er noch einen abschließenden Satz loswerden möchte. Er dreht sich zum Mikrophon zurück, wirkt etwas verwirrt, hat den Satz wohl nicht parat, schielt über die Halbbrille zu mir herüber und lächelt etwas verlegen. Ich kann ihm leider nicht helfen, weiß aber, was er im Augenblick leidet. In letzter Sekunde findet er die passende Floskel und stößt sie erleichtert ins Mikrophon: „And here we go!"

Und dann ertönt im gesamten Fitzroy Valley die Stimme eines Ureinwohners, getragen von den tiefen, fremden Tönen eines Didgeridoos, im Rhythmus der hart aufeinander geschlagenen Bumerangs und Drumsticks. Wir hören es noch auf dem Highway, auf Welle 106,1 FN, mit den Ansagen von Nirili, auf dem Weg nach Broome, am Indischen Ozean, 400 Kilometer weiter westlich.

In Fahrtrichtung, fast im Halbkreis um uns herum, baut sich eine gewaltige Gewitterfront auf. Im „Willare Bridge Roadhouse", an der Abzweigung nach Derby, versorgen wir uns vorsichtshalber mit Wasser und Proviant. Die Wolkentürme verheißen nichts Gutes, vielleicht bleiben wir hundert Kilometer vor Broome noch stecken? Wir harren der Dinge mit gemischten Gefühlen. Die Zeiger der großen Feuer-Warnschilder am Straßenrand stehen auf „Very

Wir freuen uns auf „die Pause" in Broome.

Damit man weiß, woran man ist, und sich entsprechend verhält.

High". Und das bedeutet, daß irgendwo und irgendwie zu jeder Zeit ein Buschfeuer ausbrechen kann. Durch die Scherben einer zerbrochenen Flasche zum Beispiel, in denen sich ein Sonnenstrahl fängt wie in einem Brennglas und das dürre Gras entzündet, durch eine weggeworfene Bierbüchse, die zu heiß geworden ist, durch eine aus dem Autofenster geworfene Zigarettenkippe, durch einen Blitzschlag aus einem der schwarzen Wolkenbänke, die sich vor uns auftürmen. Sie kennen sicher die Bilder der riesigen brennenden Flächen, der vielen kilometerlangen Rauchschwaden, die den Himmel verdunkeln, der im Feuersturm explodierenden Eukalyptusbäume und der „Fire-Fighter", die unter Einsatz ihres Lebens den oft vergeblichen Kampf gegen diese Naturgewalt führen. Und wir kennen den Geruch, der oft wochenlang über den

Verbrannte Erde ...

schwarz verkohlten Flächen hängen bleibt. Und immer wieder hört man, daß viele dieser Brände, die Tausende von Hektar Buschland oder Wälder vernichten, absichtlich gelegt werden, in unverständlicher Bösartigkeit. Es gibt aber auch, und da scheiden sich die Geister, die anderen „absichtlich" gelegten, sogenannten „kontrollierten" Feuer, die für viele australische Farmer zur Regenerierung und notwendigen Bodenbearbeitung gehören.

Wir freuen uns auf Broome, die Perlenstadt am Indischen Ozean, berühmt oder vielleicht eher berüchtigt für ihre zwei Friedhöfe, einer für japanische, der andere für chinesische, malaiische und holländische Perlentaucher, die bei ihrem gefährlichen Gewerbe im Laufe der letzten hundert Jahre ihr Leben ließen. Heute zeigt sich Broome eher als ein verschlafenes Nest mit nicht viel mehr als zweitausend Seelen.

Bei der Einfahrt nach Broome zeigen die Tachos unserer Range Rover fast identisch 9600 Kilometer an, Zeit für die uns ans Herz gelegte Zehntausender-Inspektion. Und Zeit für das Team zu einer persönlichen Generalüberholung. Wir ahnen mehr als daß wir es wissen, daß wir die Hälfte unseres Abenteuers einer Umrundung des australischen Kontinents wohl hinter uns haben. Bis hierher haben sich Menschen und Material recht gut gehalten. Was heißt, gut gehalten, wir sind unserem Plan voraus und ein bißchen stolz darauf. Aber wir sind uns auch klar darüber, was für ein fast unglaubliches Glück uns bis hierher begleitet hat. Und es ist uns völlig egal, daß wir den berühmten „Cable Beach Club" am 24. Tag um 15.30 Uhr bei 44 Grad Celsius im strömenden Regen erreichen.

„Drei Tage Pause", verkünde ich der Truppe und überlasse es jedem, wie er sie verbringen will. Platz genug im „Cable Beach

„Cable Beach Club". Ein Paradis am Indischen Ozean.

„Cable Beach Club" in Broome, am Indischen Ozean.

Club", um sich nach sechsundzwanzig Tagen harter Arbeit und 10 000 Kilometern Fahrt auf engstem Raum ein bißchen aus dem Weg zu gehen. Und Möglichkeiten genug, die Freuden des Lebens in dieser Luxus-Oase zu genießen. Und wir tun es.

Unsere Funktelefone arbeiten seit zwei Wochen zum erstenmal wieder. Grund genug, mit der Umwelt wieder in Kontakt zu kommen, mitzuteilen, wo wir sind und wie es uns gegangen ist. Dabei erfahre ich vom Tod eines meiner engsten Freunde in München.

Der „Cable Beach Club" in Broome ist die Schöpfung eines schottisch-britischen Adligen, Alistar Lord MacAlpine. Vor Jahren zufällig in diese Gegend geraten, beeindruckte ihn die Schönheit eines Geländes außerhalb der Ansiedlung so sehr, daß er beschloß, den Cable Beach, an dem nicht viel mehr als eine windschiefe Baracke stand, zu einem Touristen-Eldorado zu machen. Wo nichts als Sand und Gestrüpp war, stehen heute Luxusbungalows unter hohen Palmen, eingerahmt von kleinen Seen und großen Swimmingpools, umspült von künstlich fließenden Bächen, bevölkert von exotischer Fauna.

Und wieder haben wir Glück, Produzentendusel sozusagen: Wir erfahren, daß Alistar Lord MacAlpine seiner Schöpfung einen seiner seltenen Besuche abstattet. Ich liege auf der Lauer, präziser gesagt, sitze mit Familie beim Frühstück, in einem riesigen, nach allen Seiten offenen Restaurant, unter dessen offenem Giebeldach große, langsam drehende Ventilatoren für eine angenehme Brise sorgen. In der Mitte des Raumes ein Buffet, das wirklich keine Wünsche offen läßt. An einem der Tische sitzt ein Mann im Gespräch mit einer attraktiven Dame. Der Mann redet, die Dame hört zu und macht sich Notizen. Den beiden wird serviert, alle

Nach 10 000 Kilometern zwei Tage Erholung im „Cable Beach Club" Broome, Western Australia.

anderen Gäste bedienen sich selbst. Thomas, mein Sohn meint: „Das könnte der Lord sein!" Wir fragen, er ist es. Ich schicke einen der dienstbaren Geister mit der Bitte, ob seine Lordschaft bereit ist, mich zu empfangen. Nach ein paar Minuten kommt er freundlich lächelnd an unseren Tisch. Er ist mittelgroß, rundlich, pyknischer Typ, erkennbar den Freuden des Lebens zugewandt. In dem seiner Kaste eigenen „Kings English" fragt er nach unserem Begehr. Nachdem er erfährt, wer wir sind und was ich von ihm will, wird er ausgesprochen munter. „Oh, natürlich", sagt er, „nur allzu gerne gebe ich Ihnen ein Interview. Wenn es Ihnen nichts ausmacht, würde ich es gerne auf morgen Mittag legen, wenn Ihnen 12.30 Uhr zusagt." Natürlich sagt es uns zu. Und ich bin froh, daß er mir Zeit läßt, mich auf das Gespräch vorzubereiten, mich „schlau" zu machen.

Lord MacAlpine entstammt einer alten, schottischen Dynastie. Unternehmer, Industrieller, Bankier, Politiker. Er selbst, Alistar Lord MacAlpine, ist bekannt als Kunstsammler, Antiquitätenhändler, Innenarchitekt, Schriftsteller und als ehemaliger „Treasurer", also Schatzmeister, in der Regierung von Margret

Alistar Lord MacAlpine – Schöpfer des „Cable Beach Club" in Broome – Western Australia.

Thatcher. Nach seiner politischen Karriere verließ er England nicht ganz freiwillig. Die IRA hat einige seiner Häuser in England in die Luft gesprengt. Heute lebt er mit seiner Familie in Venedig.

„Wissen Sie", sagt er am nächsten Tag beim verabredeten Interview, für das er zwei riesige Gläser mit leuchtend rotem Fruchtgetränk auf den Tisch hat stellen lassen, „Australien ist wie ein Klumpen Lehm, den man formen kann. Nehmen Sie diesen Club hier zum Beispiel. Als wir hierherkamen, da war hier nichts, absolut nichts. Das war ein schmutziger Caravan-Parkplatz, ohne Wasser, ohne irgendwas. Richtig ungemütlich und langweilig. Das haben wir dann geändert. Wir haben Wasser reingebracht, Palmen gepflanzt, Seen und Bäche angelegt, Felsen geschichtet,

Pflanzungen angelegt und haben keine Ruhe gegeben, bis die Leute, die hierherkamen, dachten, es sei schon immer so gewesen."

„Ist das alles Ihr eigener Geschmack oder haben Sie Designer und Architekten kommen lassen?"

„Nun, ich habe von Anfang an die Pläne im Kopf gehabt. Natürlich sollte das Ganze in der einheimischen Architektur entstehen, aber das Konzept, der Stil sind von mir. Um wirklich jedes einzelne Stück habe ich mich gekümmert, ich liebe es einzukaufen, bin ja selbst Antiquitätenhändler. Jedes Möbelstück, das Sie hier sehen, habe ich selbst gekauft, es war wie ein Paradies für mich. Auch den Zoo hier habe ich selbst angelegt."

„Mylord", nehme ich den Faden auf, „es gibt wohl kaum etwas, womit Sie sich nicht beschäftigen, haben Sie neue Pläne?"

„Bitte", sagt seine Lordschaft, „nennen Sie mich Alistar, Sie würden mir damit eine Freude machen", und fährt fort, „mein ganzes Leben besteht aus Plänen, nichts wäre mir unausstehlicher als der Verzicht auf Gegensätze. Deshalb lebe ich auch nicht ständig hier in diesem von mir geschaffenen Paradies unter ewiger Sonne. Ich brauche die Kälte ebenso wie die Wärme, den Luxus fast weniger als die Herausforderung, aus dem Nichts etwas zu machen. Ich möchte jede Möglichkeit nutzen, die sich mir bietet."

„Dann darf ich Sie fragen, Alistar, ob es richtig ist, daß Sie einer der reichsten Männer der Welt sind? Eine hier in Australien veröffentlichte Liste nennt Sie unter den ersten dreißig!"

Alistar Lord MacAlpine lächelt, wartet mit der Antwort, dreht das noch unberührte Glas mit dem farbenprächtigen Getränk einmal um die Achse.

„Ach wissen Sie“, lacht er und spielt den perfekten Diplomaten, „keiner, der sich dazu verleiten läßt, einen Zoo zu betreiben, wird je ein reicher Mann oder bleibt es.“

„Was Sie offensichtlich nicht gerne tun, ist trinken. Dieses köstliche Getränk vor Ihnen wird wärmer und wärmer.“

„Nun“, sagt er, „es sollte ja auch eher das Bild bereichern. Ein Gespräch an einem leeren Tisch wirkt vielleicht etwas inhaltlos.“

„Für das uns gewährte darf ich Ihnen danken. Wir haben erfahren, daß Sie morgen nach Frankfurt fliegen. Da haben Sie den gewünschten Gegensatz. Hier zeigt das Thermometer zur Stunde 42 Grad Celsius, in Frankfurt sind es gerade minus 10.“

„Oh“, sagt der Lord überrascht, greift nach seinem Glas und hebt es mir entgegen. Wir wünschen ihm einen guten Flug und die Erfüllung seiner vielen Pläne. Er genießt mit Auge und Zunge und verabschiedet uns in unnachahmlicher Noblesse: „Oh thank you very much indeed!“

Die schönen Tage von Broome sind schnell zu Ende. Am Morgen des 28. Tages, es ist Freitag, der 1. März 1996, erschrecken wir vor dem gewaltigen Berg von Gepäck, den wir mit uns schleppen. Aus den fünf Bungalows wird herangekarrt, was in unseren frisch inspizierten Autos verstaut werden muß. Kamera und Zubehör, Ton und Zubehör, Stative, Lampen, Blenden, Container für das Bildmaterial, Wassertanks und Eiskisten, Erste-Hilfe-Koffer und das umfängliche Satellitentelefon. Und dann das Zeug, das jeder von uns meinte zu brauchen, als wir für eine unbestimmte Zeit loszogen, einen ganzen Kontinent zu umrunden. Wir sehen das alles aufgereiht vor dem Eingang des „Cable Beach Club“, und nur die

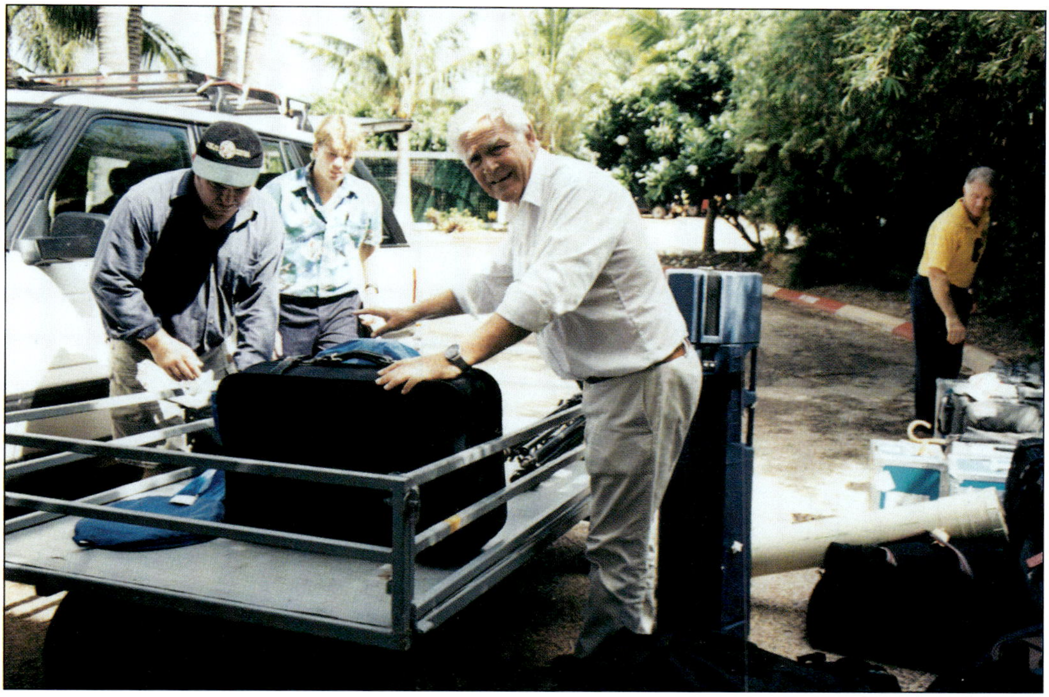

Mit eineinhalb Tonnen Gepäck im Nacken ...

Tatsache, daß das alles schon drin war, läßt uns hoffen, daß wir es wieder unter die Dächer der Range Rover bekommen.

Ein Schock, Brendon Leonard ist krank. Er glüht und hat keine Stimme mehr. Die nächste Station der Reise ist Port Hedland, 600 Kilometer südwestlich von Broome auf dem Great Northern Highway entlang der Küste des Indischen Ozeans. Sollen wir die Abreise verschieben? Dreharbeiten ohne unseren Ton-Mann wären ohnehin nicht möglich, also hier den Arzt rufen und im luxuriösen „Cable Beach Club" auf Brendons Genesung warten. Oder ziehen wir die bisherige Therapie für ähnliche Erscheinungen bei fast jedem von uns vor, zwei Aspirin 300 und abwarten, was geschieht? Gundel und ich, die Produktion also, stimmen für den Doktor. Der soll sagen, ob Brendon reisefähig ist. Brendon, ganz irischer Rebell, ist dagegen. Mit rotem Kopf macht er krächzend klar, daß er weiter will. Erstens ist nun schon mal alles verpackt und zweitens haben wir eine Verabredung mit dem Wirt vom „Sandfire Roadhouse", 300 Kilometer von Broome entfernt, also genau in der Mitte der Tagesetappe. Dort soll es einen bemerkenswerten Club geben, den „Sandfire-Sleevers-Leavers-Shirt-Club", zu übersetzen mit „Sandfires-Hemdsärmel-Verlust-Club".

Eine verrückte Idee für einen guten Zweck, der finanziellen Unterstützung des „Royal Flying Doctors Service", der Organisation fliegender Ärzte, die sich rund um die Uhr um Patienten in den unendlichen und sonst unerreichbaren Weiten des Outbacks kümmern.

Wir beschließen, es Brendon im Wagen so bequem wie möglich zu machen, ihm aus Gundels Apotheke einen Pillen-Cocktail zu verabreichen und loszufahren. Ständiger Kontakt zwischen beiden Fahrzeugen über Sprechfunk – Brendon pennt die meiste Zeit –, kein Grund zu besonderer Besorgnis. Im Ernstfall können wir die „Flying Doctors" über Satellit anfordern.

Das „Sandfire Roadhouse" liegt genau in der Mitte zwischen Irgendwo und Nirgendwo. Eine Tankstelle, Flachbau aus roten Ziegelsteinen, klimatisierter Verkaufsraum mit dem üblichen Junkfood, davon getrennt eine Bar mit hohen Hockern, außen zwei voneinander getrennte Toilettenhäuser mit Duschkabinen, ein paar Zimmer zum Übernachten.

Ken heißt der Wirt, mehr über seinen Namen zu erfahren sei nicht wichtig. Er erklärt die Satzung des „Sandfire-Sleevers-Leavers-Shirt-Club".

Dollars für den „Royal Flying Doctor Service" – der „Sandfire Hemdsärmelabschneideclub" ...

„Vor sechs Jahren hatten wir hier an einem Abend eine ziemliche Sauferei. Irgendwann endete das mit dem Abschneiden von Hemdsärmeln. Warum, weiß ich auch nicht mehr so genau. Auf jeden Fall stellten wir am nächsten Morgen fest, daß eine ganze Reihe von linken Hemdsärmeln von der Decke der Bar herunterhingen, wo sie mit Heftzwecken festgemacht waren. Die Hemdengeschädigten beschlossen daraufhin, einen Club zu gründen, eben den Sandfires-Hemdsärmel-Verlust-Club, dem beizutreten nur gestattet wird, wer sich von seinem linken Hemdsärmel per Scherenschnitt trennt."

„Ein Club braucht eine Satzung und er braucht Mitgliedsbeiträge", berichtet Ken weiter. „Der Beitrag konnte in Anbetracht des Verlustes eines Hemdsärmels nicht zu hoch angesetzt werden. Zwei Dollar, dachten wir, seien angemessen. Die nächste Frage, was fangen wir mit dem Geld an, sollte der Verein unerwarteten Zulauf bekommen? Die Wahl fiel einstimmig auf den Royal Flying Doctors Service."

„Und wie viele Mitglieder hat der Club inzwischen?" will ich wissen.

Kens Blick geht an die Decke: „Na, so an die 2000 werden's wohl sein!"

„Kann ich Mitglied werden?"

Kenn grinst, seine Augen bleiben begehrlich an meinem linken Hemdsärmel hängen.

„Na klar kannst du, in welcher Währung willst du zahlen, wir nehmen auch D-Mark."

„Ich zahle in Aussie Dollars und erhöhe den Betrag auf zehn Dollar." Da läßt man sich doch nicht lumpen.

Ken verschwindet wortlos hinter der Bar, taucht wenig später mit einer Schere wieder auf, stellt zwei Stühle einander gegenüber in Position, wie Arzt und Patient, beginnt meinen linken Ärmel zu straffen und sucht eine geeignete Einstichstelle.

„Wenn ich um eine schmerzlose Operation bitten dürfte", sage ich, da ich den Eindruck habe, daß seine Hände leicht zittern. Der Ärmel trennt sich schnell vom Hemd, und Ken erläutert den Fortgang der Prozedur.

„Jetzt hol' ich dir einen Griffel, mit dem du den Ärmel signierst, aber rück erst mal den Zehner raus."

So geschehen, erkundige ich mich, ob ich nun vollgültiges Mitglied des „Sandfire-Sleevers-Leavers-Shirt-Club" sei.

Ken drückt mir die Hand, steht auf, holt einen Hocker, hebt ihn auf den Tisch, reicht mir eine Heftzwecke und zeigt nach oben:

„Und jetzt verewige dich an der Decke, wo du hängen bleibst, solange die Bude steht!"

So wurde ich stolzes Mitglied des „Sandfire-Sleevers-Leavers-Shirt-Club“, der für den Royal Flying Doctors Service seit seinem Bestehen über 6000 Dollar aus den Ärmeln gezogen hat. Was für eine Idee!

In bestem Zustand zieht sich der Great Northern Highway, über dem die Luft in 44 Grad Celsius flimmert, an der Westküste der Great Sandy Desert entlang nach Port Hedland. Eine Fahrt, deren größte Anstrengung darin besteht, nicht am Steuer einzuschlafen. Das unendliche Teerband vor uns ist geschmolzen, feucht-weich und daher fast schwarz. In den Radkästen trommeln die losgerissenen Schottersteine gegen das Blech, wo sie vermutlich kleben bleiben und irgendwann den Lauf der Räder behindern, wenn die Schicht dick genug geworden ist.

Was uns aus der Ferne von Port Hedland irgendwann am späten Nachmittag entgegenleuchtet, ist keine Fata Morgana eines tief verschneiten Alpenpanoramas, es sind die aufgeschütteten Salzberge der Salinen, die in kilometerweiten, ebenen Becken gesammeltes Meerwasser verdunsten und kristallisieren lassen. Hunderttausende Tonnen von Meersalz lagern hier, weit leuchtend und glitzernd in der sengenden Sonne.

Bevor wir weiterpreschen nach Point Samson am Cape Lambert, bringen wir Brendon zu einem Arzt in Port Hedland, nicht sicher, ob wir weiterfahren können oder die Reise gar ohne ihn fortsetzen und für Ersatz sorgen müssen. Kameramann Robert Heazlewood begleitet Brendon, der Rest der Truppe hängt in einer Snackbar trüben Gedanken nach und harrt ängstlich des Untersuchungsergebnisses von Brendons oberen Atemwegen. Er kehrt immer noch mit rotem Kopf und ohne Stimme, aber mit leuchtenden

Die gleißenden Salzberge von Port Hedland.

Das Salz des Meeres.

Augen zurück. Er kann bei uns bleiben. Was ihn da erwischt hat, ist nichts Gefährliches, nur die bekannte Air-condition-Krankheit, die jeden hier irgendwann mehr oder minder heftig befällt.

Trotz der noch vor uns liegenden Strecke, darauf trinken wir einen, versorgen wir Brendon in der nächsten Apotheke mit einem Berg verschriebener Pillen und Tropfen und freuen uns, daß er weiter für den guten Ton bei uns zuständig bleibt.

Roebourne, Wickham und Cossack werden durchfahren auf dem Weg nach Point Samson. Mitch Vernon, Besitzer und Pilot eines Bell-Jet-Ranger-Hubschraubers wartet auf uns, um uns hinauszufliegen zur längsten und höchsten Schiffslandebrücke Australiens, achtzehn Meter hoch und zweieinhalb Kilometer ins Meer ragend. Ein gigantisches Bauwerk aus Riesenbäumen, in den dreißig Meter tiefen Meeresgrund gerammt. An dieser Landungsbrücke machen bis zu 350 000 Tonnen schwere Frachtschiffe fest, um aus den meist offenen Minen West-Australiens gefördertes Erz zu bunkern.

Pilot Mitch Vernon ist jung, athletisch gewachsen und ausgesprochen maulfaul. Einer jener australischen Typen, die nicht viel reden, da sie meist allein und auf ihre Arbeit konzentriert sind. Nur soviel krieg ich aus ihm heraus, daß er seinen Beruf liebt, den Kontakt zwischen seiner Helikopter-Station und den Riesenschiffen aufrechtzuerhalten. Manchmal muß Mitch auch Noteinsätze fliegen, um kranke oder verletzte Seeleute zu bergen oder Kapitäne oder Lotsen transportieren oder, wie heute, einen Kameraeinsatz fliegen.

„Bring uns so nah wie möglich ran“, bitte ich ihn, während wir noch im Tiefflug über aufgeschreckte Rinder und Pferde auf gründgelben Weiden hinwegbrausen.

Mit dem Bell Jet Ranger hinaus zum Cape Lambert mit Australiens längster Landungsbrücke.

„No worries", murmelt es in meinen Kopfhörern, „keine Sorge, du kriegst, was du brauchst!"

Und dann verschlägt es auch mir die Sprache. Ich drehe mich um, um Robert den Einsatz für die Kamera zu signalisieren. Die Sitzbank hinter mir ist leer. Robert, wie schon so oft, steht bereits draußen auf der Kufe, die Kamera auf der Schulter. Angebunden in seinem „harness", dem Sicherheitsgeschirr, ähnlich den Tragegurten eines Fallschirms, dreht er, was das Zeug hält.

Direkt vor unserer Nase der gigantische Bug eines Riesen der Ozeane, hoch im Wasser, da noch unbeladen. Von der Wasserlinie bis zur Mitte des gewaltigen Schiffskörpers leuchtend rot, von da aufwärts bis zur Bug-Reeling schwarz lackiert.

Mitch steigt langsam an diesem Berg von Schiff hoch, dreht nach links ab und fliegt dicht an der Landebrücke mit Kränen, Förderbändern, Hebewerken und Transportfahrzeugen entlang. Gewaltige Taue halten den Koloß in Position, in den Ladeluken verschwinden die endlosen Ströme von Erz, Tag und Nacht von Güterzügen angeliefert.

„Das ist ein kleinerer", verkündet Mitch im Kopfhörer, „der hat nur so an die 250 000 Tonnen. An die vierzig Meter breit und dreihundert Meter lang. In zwei Tagen ist er beladen und geht nach Indonesien."

Einen Vollkreis noch um dieses Spektakel, dann bin ich zufrieden, daß Robert wieder sicher hinter mir im Inneren des Bell Jet Rangers von Mitch Vernon sitzt.

Sonntag, 3. März 1996. Seit dreißig Tagen fahren, filmen, fahren. Trotz der drei Tage Erholung im „Cable Beach Club", irgend etwas macht sich bemerkbar, was die Stimmung im Team trübt. Sitzen wir zu oft und zu lang bei- und aufeinander? Haben sich die Möglichkeiten der Kommunikation erschöpft? Fangen wir an, uns auf die Nerven zu gehen? Kommt jetzt der Expeditionskoller, über den wir vor Antritt der Reise schon gesprochen hatten? Was auch immer, ich beschließe, diesen nicht genau zu definierenden Zustand zu therapieren. Bis jetzt hatte mein Sohn Thomas das Kommando über das eine Fahrzeug. Insassen Brendon, der Tonmann, und Stewart Long, Kamera-Assistent und Mann für schwere Lasten. Sie sollen wegen ihrer harten Arbeit von Chauffeurdiensten befreit bleiben. Den anderen Wagen fahre ich. Insassen Kameramann Robert und meine Frau Gundel. Vor uns liegt eine Strecke von 1700 Kilometern, von Cape Lambert über Carnarvon

Der Highway schmilzt bei 44 Grad Celsius – und kein Schatten.

Carnarvon – Western Australia.
„The Big Dish" – aufgelassene Weltraumantenne.

bis hinunter nach Geraldton. Nicht viel zu sehen unterwegs. Carnarvon vielleicht, mit einer riesigen, ausgedienten Weltraum-Antennenschüssel, Bananenplantagen und einem idyllischen Fischerhafen an der Mündung des Gascoyne River. Wir wissen nicht, wie uns die Strecke in der Gluthitze auf die Gemüter gehen wird.

Ich beschließe eine leicht veränderte Aufgaben- und Sitzverteilung. Zugegeben, mir wird nach fast 11 000 Kilometern am Steuer die Fahrerei auch zu mühsam. Immerhin bin ich mit Abstand das älteste Mitglied der Expedition. Also bitte ich meinen Sohn, das Steuer für mich zu übernehmen. Robert zieht als „Kommandant" in den zweiten Wagen um und bestimmt, wer welche Strecke fährt. Ob es ein Nachteil ist, daß ich mit dem Kameramann ab jetzt nur über Walkie-talkie festlegen kann, wo, wann und was wir drehen, wird sich zeigen.

Die Fahrt geht durch heißes Nichts, absolutes Nichts. Wir fressen Kilometer, saugen dieses endlose Band der bis an den Horizont reichenden Straße auf. Einzige Unterbrechung der Highway-Monotonie, seit einer Stunde warten wir auf das Auftauchen eines

Durch absolutes Nichts …

Im Nichts zwischen Carnarvon und Geraldton, der „Add-a-rock-Hügel" – der „Leg-einen-Stein-drauf-Hügel" …

Hügels in der Wüstenlandschaft. Der berühmte „Add-a-rock"-Hügel, wo wir vor vier Jahren dieser Aufforderung nachgekommen waren. „Add-a-rock" heißt „Leg einen Stein drauf", und das macht fast jeder, der diese Strecke hinter sich zu bringen hat. Damals haben wir einen Stein hinterlassen mit der Aufschrift: „TERRA AUSTRALIS – Der goldene Westen – ARD – 1993". Wir suchen den Stein vergeblich, der Haufen ist um das Doppelte gewachsen. Der neue kommt dazu: „TERRA AUSTRALIS – Highway 1 – 1996". Ob ich ihn irgendwann wiederfinden werde?

Wie eine Erlösung, für die verklebten Hintern gleichermaßen wie für die strapazierten Seelen, erscheint der rot-weiß-rot gestrichene Leuchtturm von Geraldton, hoch an der Steilküste vor dem blauen Wasser der langgestreckten Badebucht. Für alle, die es genau nehmen: Man scheint sich über die Schreibweise der 25 000 Einwohner zählenden Stadt mit dem zweitgrößten Hafen West-Australiens nicht einig zu sein. Die einen schreiben Geralton ohne „d" vor dem „t", die anderen eben mit. Unsere Straßenkarten sind maßgebend, also auch hier im Buch mit „dt".

Wesentlich wichtiger für uns ist die herrlich frische Seebrise, nach 1500 Kilometern heißer Wüstenfahrt ein wahres Labsal. Noch wichtiger ist für uns jedoch das moderne Hotel hoch am Ufer mit einem Küchenchef aus Österreich, Wolfgang Konrads, der uns für das Abendessen Sonderbehandlung versprochen hat und sie wahrlich hält. Und ganz wichtig ist die Erkenntnis, daß sich die Platzwechseltherapie bewährt. Die Expedition kann wieder lachen, ein paar Flaschen köstlichen australischen Chardonnays lösen Zungen wie Spannung gleichermaßen.

Steilküste mit Leuchtturm von Geraldton – Western Australia.

Geraldton – zweitgrößte Hafenstadt West Australiens.

Fischerhafen von Geraldton – Western Australia.

Dienstag, 5. März 1996, 32. Tag. Etappenziel ist Perth, die Hauptstadt West-Australiens, Metropole am Swan River. 520 Kilometer einschließlich des geplanten Umweges weg vom Highway östlich ins Landesinnere, gute 100 Kilometer von der Küste weg. Über Badgingarra und Moora auf der Straße 95 nach New Norcia. Dieses Abkommen vom rechten Weg ist von besonderer Bedeutung. Wir sind gespannt auf die Begegnung mit einem Benediktinermönch, Dom Christopher Power, Prokurator im Kloster von New Norcia, einer Stadt wie keine andere in Australien.

Die Grenzen der Stadt New Norcia umfassen ein Gebiet von 8000 Hektar. Zum Stadtbild gehören, neben dem 1846 gegründeten Benediktinerkloster und der Abteikirche, an die zwanzig Häuser, ein Hotel, zwei frühere Schulen, eine Getreidemühle, Werkstätten

Benediktiner Kloster, New Norcia – Western Australia.

und eine weit angelegte Farm. Die Besonderheit dieser Stadt, in die wir von Norden her einfahren, besteht aus ihrer geographischen und architektonischen Schönheit gleichermaßen. Und sie besteht in der bemerkenswerten Tatsache, daß sie im alleinigen Besitz des Klosters und der Mönche ist.

Eine prachtvolle Allee führt sanft hinauf zum prächtigen, sehr repräsentativen Bau des ehemaligen St. Gertrude's College. Fast alle Gebäude hier haben einen „ehemaligen“ Verwendungszweck, das Kloster und seine ausgedehnten Anlagen befinden sich im Umbruch.

Die lange, sehr gewölbte Halle des College beherbergt Schaukästen mit alten Musikinstrumenten, antiken Möbeln und kunstvoll arrangierten Bildern mit Szenen aus der klösterlichen Vergangenheit: als Ort geistlicher Übung, missionarischer Arbeit und Ort christlicher Erziehung, Bildung und Ausbildung.

Einer attraktiven Dame in einem bescheidenen Büro melde ich unsere Ankunft. Dom Christopher Power, sagt sie, sei sehr beschäftigt, erwarte uns aber zu einem auf eine halbe Stunde begrenzten Gespräch. Wir sollten doch bitte in der Nähe bleiben, sie würde ihn verständigen.

„Ein vielbeschäftigter Mönch“, denke ich und verteile das Team über das Gelände, alle Ecken und Winkel für die Kamera zu erkunden.

Ein junger Mönch, schnellen Schrittes, im weißen Gewand, strebt uns entgegen, nach einer guten halben Stunde, quer über den kurz gehaltenen Rasen im Park vor dem College.

Es ist Dom Christopher, den wir in den vergangenen dreißig Minuten zu Dom Perignon umgetauft haben, nicht zuletzt wegen des doch sehr luxuriösen Gesamteindrucks der klerikalen Anlage.

„Bitte verzeihen Sie, daß ich Sie warten ließ“, sagt er, „aber wir sind im Augenblick sehr beschäftigt.“

Ob er trotzdem die vereinbarte halbe Stunde für uns erübrigen kann, frage ich.

„Aber natürlich und besonders gern, und bitte nennen Sie mich doch einfach Dom Chris, so wie meine Brüder hier im Kloster!“

Das Eis schien gebrochen, der Anfang gemacht.

„Womit sind Sie denn so stark beschäftigt?“

„Mit der totalen Umstrukturierung des Klosters und seiner Funktionen.“

Das klang wie die Aussage eines Managing Director in einem Industrieunternehmen.

„Könnten Sie uns das mal erklären?“

„Wir sind eine ungewöhnliche Stadt, gerade vor ein paar Wochen sind wir 150 Jahre alt geworden. Seit der Gründung 1846 haben

Hauptgebäude im Areal des Benediktiner Klosters in New Norcia – Western Australia.

Dom Christopher Power, der Kurator des Benediktiner Klosters von New Norcia.

wir viele Stationen der Missionsarbeit durchlaufen und durchlebt. Am Anfang, als spanische Mönche das Kloster gründeten, haben wir als erste die Ureinwohner getauft, die Kinder erzogen, die Männer in den verschiedensten Handwerken unterrichtet. Daraus entstanden im Laufe der Jahre viele Gebäude rund um das Kloster, Werkstätten und Wohngebäude ebenso wie Schulen und andere soziale Einrichtungen. Das führte schon bald zu der Erkenntnis, daß wir die immer zahlreicher werdenden Menschen mit Lebensmitteln und Kleidung versorgen müssen. So entstand die große Farm, die bis heute mit Tieren und Feldprodukten bewirtschaftet wird."

„Und warum wollen Sie das alles umstrukturieren?"

„Die Zeiten haben sich geändert. Unsere Schulen konnten nicht mehr aufrechterhalten werden, dadurch wurden die Wohngebäude für die Studenten überflüssig. Einer der großen Bauten ist inzwischen ein sehr schönes Hotel."

„Die Mönche sind also nicht nur Besitzer dieser wirklich schönen Stadt, sondern deren Eigentümer. Sie sind also beachtlich wohlhabend, um nicht zu sagen reich!"

Schon während der letzten Worte verwandelt sich Dom Chris sehr freundliches Gesicht in eine eher nachdenklich leidende Miene, wobei er stetig nickt.

„Ach ja", seufzt er, „Sie müssen verstehen, daß wir damit große Sorgen haben, New Norcia besteht aus 56 Gebäuden, wovon 27 sehr groß und sehr alt sind und daher unter Denkmalschutz stehen. Sie sind ausschließlich unserer Pflege überlassen, ihre Erhaltung bereitet uns Sorgen. Das ist gerade das, was uns im Augenblick so

Älteste Kirche im Benediktiner Kloster von New Norcia.

sehr beschäftigt, neue Verwendungsmöglichkeiten für die alten Bauten zu finden." Er nickt, denkt nach, um dann noch eine wesentliche Anfügung zu machen. „Wir Benediktiner im Kloster von New Norcia sind weder so gut organisiert noch so reichhaltig mit Mitteln ausgestattet wie unsere Brüder in den Klöstern in Deutschland."

„Sie werden also nicht subventioniert oder mit Spenden unterstützt?"

„Leider nein, wir müssen für alles selbst aufkommen, Bewässerung und Entwässerung, die Erhaltung der baulichen Substanz, auch in den Kirchen, die Pflege der historischen Sammlungen und natürlich alle Gehälter der für uns arbeitenden Handwerker. Gott sei Dank haben wir gute Einkünfte durch die Erzeugnisse unserer Farm."

„Wie sehen Sie die Zukunft des Klosters von New Norcia?"

„Nachdem unsere Schulen seit 1992 geschlossen sind, haben wir 250 Zimmer mit Leben zu füllen, also sind uns Gäste hier im Kloster immer von Herzen willkommen."

Klostertourismus in New Norcia. Keine schlechte Idee des Benediktinermönchs Dom Christopher Power und seiner Brüder – und schön ist es dort, wunderschön sogar.

Für den Rest des Tages bleiben 130 Kilometer zu bewältigen. Um 17.00 Uhr fahren wir über die Brücke des Swan River, hinein in die moderne, hoch aufragende City von Perth.

Wer als Einwanderer seinen Fuß zuerst in Perth auf australischen Boden setzt, der bleibt hier, heißt es. Das Gleiche gilt für

Melbourne und ebenso für Sydney. Offenbar ist der Neuankömmling von dem, was diese Städte zu bieten haben, derart beeindruckt, daß er sich eine Steigerung kaum vorstellen kann.

So muß es wohl auch bei meinem Freund und Kollegen aus ferner Vergangenheit, Rainer Erler, gewesen sein. Wir bezeichnen uns als „Nachbarn", obwohl wir 5000 Kilometer voneinander entfernt wohnen.

Perth – Hauptstadt von Western Australia. Skyline am „Black Swan River".

Rainer und Renate Erler entdeckten fast zur gleichen Zeit wie wir diesen fernen Kontinent für sich und setzten hier ihre Produktion interessanter und erfolgreicher Filme fort. Wir halten Kontakt, hüben wie drüben, bemühen uns um einen regen und fruchtbaren Gedankenaustausch.

Vielleicht ist es der wundervolle Tag, den wir alle gemeinsam auf dem Weingut eines Freundes verbringen, Neil Lamont, der auf den großen, runden Tisch bringt, was das Land an Köstlichkeiten zu bieten hat, im Team macht sich plötzlich eine Stimmung bemerkbar, als hätten wir unser Ziel bereits erreicht. Wie ein gewaltiges Hufeisen sieht auf der Landkarte die Strecke aus, die hinter uns liegt. Aber vor uns liegt möglicherweise noch das schwierigste Stück Weg der langen Reise, die endlose Strecke von West nach Ost, die Durchquerung des Nullarbor.

Der Name dieses riesigen, vollkommen ebenen, rötlich-gelb gefärbten Gebietes wurde aus den alten, lateinisch beschrifteten Landkarten der TERRA AUSTRALIS übernommen und bedeutet (korrekte lateinische Übersetzung) „kein Baum“. Und das auf gut 1500 Kilometern.

Drei Tage genießen wir die Freuden der Großstadt Perth, Robert Heazlewood stellt die Kamera auf seinen Balkon, von dem sich ein atemberaubender Blick auf die Skyline der City bietet, und filmt über den Zeitraum der Dämmerung, wie das Licht der sinkenden Sonne Form und Farbe der in den Himmel ragenden Glas- und Betontürme verändert, von Minute zu Minute.

Die „Wir haben es geschafft“-Stimmung im Team geht schnell vorbei, wechselt ins Gegenteil, schon am zweiten Tag. Wir wollen weiter – die Straße fehlt uns. Am Freitag, dem 8. März 1996, dem 35. Tag, hat uns der Highway wieder.

Nur knapp 400 Kilometer sind es heute, der nächste Halt soll Pemperton sein, ein Ort am südwestlichen Zipfel von West-Australien, ein Naturpark mit „Tall Trees“, die berühmten „Kalli-Wälder“, 250 Jahre alte Eukalyptus-Riesen. Ihr Schutz ist dem

Klein und bescheiden wird man da ... Eukalyptusriesen in den Kalli-Wäldern bei Pemperton.

Ranger David Meehan anvertraut, der uns hineinführt in diesen unberührten Wald der Giganten.

„Bleibt er unberührt oder wird auch hier der erbitterte Streit geführt zwischen den Verfechtern einer geregelten Nutzung der Wälder und den fast militanten Bewahrern einer schon gefährlich mißbrauchten Natur?"

„Das ist unser Dilemma", sagt Ranger David Meehan, „wir Ranger hängen da mitten drin. Wir sehen die Notwendigkeit einer geregelten Forstwirtschaft ebenso wie den genauso wichtigen Erhalt dieser in Hunderten von Jahren gewachsenen Bäume. Den Kompromiß zu finden wäre gar nicht so schwer, wenn beide Seiten weniger emotional agieren würden. Bei uns wächst alles so unglaublich schnell, daß bei richtiger Verteilung von Abholzung und Aufforstung kaum Generationslücken im Forst entstehen müßten. Natürlich sieht ein mehrere Hektar großer Kahlschlag entsetzlich aus und verständlich, daß dann das große Geschrei der Naturschützer einsetzt. Aber längst bestimmt das Gesetz, daß der Anteil der Aufforstung jeweils größer sein muß als die Rodung, um auch den Verlust durch Windfall oder Schädlingsbefall ausgleichen zu können.

„Und was geschieht hier in Pemperton?"

„Wir sind so eine Art Museum", sagt David Meehan, „hier machen wir eben den Versuch, allen an diesem Thema Interessierten zu zeigen, was möglich ist."

„Und ist das möglich?" frage ich David. „Oder platzen auch hier die unversöhnlichen Meinungen aufeinander?"

„Also, um ehrlich zu sein", erwidert David, „hier geht keiner weg, der noch verstehen oder akzeptieren würde, daß solche Bäume wie der hier gefällt werden."

Er zeigt auf einen der Riesen, bei dessen näherer Betrachtung ich erschrecke. In seinem Stamm, den drei Männer nur schwer umspannen können, sind Eisenstangen eingeschlagen, vom Boden weg, ringsherum, im Abstand von einem halben Meter, als Sprossenleiter hinauf in unabsehbare Höhe.

„Was soll das?" frage ich David und ahne Schreckliches.

„Seit ungefähr fünf Jahren", erzählt der Ranger und läßt dabei nicht erkennen, ob ihm das paßt oder ob es ihn empört, „scheinen die Besucher immer mehr den Drang zu spüren, einen dieser prächtigen, fast hundert Meter hohen Bäume ersteigen zu müssen. Vielleicht auch deswegen, weil auf dem hier schon seit vielen Jahren in 75 Meter Höhe eine Plattform für Feuerbeobachter angebracht ist. Also haben wir den hier „Zweijahrhundertbaum" getauft, weil er über 200 Jahre alt ist und wir unsere Zweihundertjahrfeier 1988 hatten. Und haben ihn zur Besteigung hergerichtet und freigegeben."

„Und wie viele Besucher waren bis jetzt schon da oben?"

„Gut und gern an die 5000!"

Eine Menge mutiger Menschen waren hier in Pemperton, um sich über die im Stamm eingeschlagenen Eisenstangen hinaufzuquälen auf die Plattform in schwindelnder Höhe. Ich gehöre nicht zu den Mutigen, aber Robert Heazlewood macht sich auf den Weg nach oben, gefilmt von seinem Assistenten Stewart Long.

„Auch diese Plattformen sind museumsreif“ erklärt David Meehan. „Heute beobachten Flugzeuge die Wälder aus großer Höhe, melden jedes kleine Rauchwölkchen sofort an die Feuerzentrale, die dann Löschflugzeuge einsetzt, die ihr Wasser im Flug aus den umliegenden Seen aufnehmen und über dem Brandgebiet ablassen, fünf Tonnen Wasser bei jedem Anflug!“

Durch die Kalli-Wälder beim Pemperton – Western Australia.

Wir verlassen die Kalli-Wälder tief beeindruckt und reden noch lange über das australische Dilemma aller Für und Wider in der lebenswichtigen Forstindustrie. Und schnell merken wir, wie schwer es fällt, objektiv zu bleiben. Nur in einem sind wir uns einig. Die Verwendung edler Hölzer für Möbel, die Verarbeitung von Nutzhölzern in der Bauindustrie, dagegen etwas zu haben, in der Kenntnis, daß strenge Gesetze für die Aufforstung sorgen, ist einseitig und wird der Situation nicht gerecht. Aber das weitverbreitete „Wood-chipping", das Zerhäckseln von Millionen von Baumstämmen, um das Material für japanische Zeitungen zu exportieren, nein und dreimal nein !

Nächstes Ziel – nächstes Reizthema. Das Ziel heißt Albany, südlichste Stadt auf dem australischen Festland, das Reizthema heißt Walfang. Nicht mehr so sehr hier, aber sonst im asiatisch-pazifischen Raum. Das von Australien anerkannte und unterschriebene Walfangverbot hat die berühmte „Whaling Station" am Cheynes Beach zum Museum werden lassen.

Die gepflegte Hafenstadt am malerischen King George's Sound an der Hanover Bay hieß bei ihrer Gründung 1826 Frederickstown und entwickelte sich als Tiefwasserhafen zum wichtigsten Stützpunkt für die Walfänger.

Albany's Whale World ist die Touristenattraktion der Stadt, wo John Bell, ehemaliger „Whalespotter", vor der trockengelegten „CHEYNES IV" jedem, der es wissen will, erzählt, wie das früher war.

„1978 haben wir als letztes Land der englisch sprechenden Welt den Walfang eingestellt. Seither betrachten wir mit sehr gemischten Gefühlen, was um uns herum geschieht. Das ist immer noch ein heißes Eisen, manchmal hab' ich das Gefühl, daß das Thema immer aktueller wird."

„Für die Menschen hier war der Walfang die Haupteinnahmequelle, Lebensgrundlage. War die Unterzeichnung des Walfangverbots eine existenzbedrohende Entscheidung?"

Seit Jahren auf dem Trockenen ...
Der ausrangierte Walfänger CHEYNES IV am Strand von Albany – Western Australia.

„Das war es und wir leiden heute noch darunter, obwohl es fast zwanzig Jahre her ist, daß man uns den Lebensnerv abgeschnitten hat."

„War das Gebiet hier auch bereits überfischt oder gab es genügend Wale?"

„Wir haben hier schon immer unsere Fänge rationiert, aber auch die Russen, die hier in unserem Gebiet Fanglizenzen hatten, zeigten sich von Anfang an verständig und haben Überfischung stets vermieden."

„Also hat das internationale Fangverbot eure blühende Industrie vernichtet?"

„Nein", sagt John Bell, der bei allem, was er sagt, keine Miene verzieht, „nein, wir standen auch ohne dem Verbot vor einer kaum lösbaren Entscheidung. Unsere drei Fangschiffe waren alt und hätten überholt werden müssen, für sechs Millionen Dollar pro Stück. Das konnten wir uns nicht leisten. Der Walfang brachte nicht mehr soviel ein wie früher. Für uns war das Aus schon vor dem Fangverbot programmiert."

John Bell hatte mal die „höchste Position" ...

„Und was kam danach?"

„All das, was du hier siehst. Aus den Fabrikanlagen wurde das Museum. Was früher unrentabel vor sich hinrostete, Geld kostete, statt was zu bringen, ist jetzt eine sprudelnde Quelle. Mehr als 100 000 Besucher im Jahr kommen hierher und informieren sich über das, was aus der abenteuerlichen Zeit der Walfänger überliefert ist."

Ich spüre, daß das Gespräch an seiner Seele nagt.

„Was warst du, bist du auf der ‚CHEYNES IV' noch gefahren?"

„Ich hatte die höchste Position in der Company", sagt John und zum ersten Mal verzieht ein leichtes Lächeln seine schmalen Lippen. „Ich war der ‚Spotter', also der hoch oben im Mast. Später saß ich sogar im Flugzeug und meldete von da, wo ich Wale sichtete."

„Könntest du dir vorstellen, daß das alles hier irgendwann mal wieder aktiviert wird?"

„Nein“, sagt er und denkt eine Weile nach. „Nein, nicht mehr hier. Heute geht alles anders. Nicht mehr draußen fangen und dann an Land bringen zur Verarbeitung. Die Walfänger von heute sind Fabrikschiffe, die vom Fang bis zur Verarbeitung alles an Bord machen. Den Walherden folgen, bis in die Antarktis. Das hat Australien nie gemacht. Und ich glaube auch nicht, daß wir damit irgendwann anfangen werden – nein, glaube ich wirklich nicht.“

„Obwohl es heute klar ist, daß das Fangverbot dazu geführt hat, daß die Wale in vielen Gewässern so zahlreich geworden sind, daß sie andere Bestände maritimen Lebens gefährden?“

„Kann schon sein“, sagt John sehr leise, macht eine lange Pause, preßt die Lippen zum Strich und schließt das Thema für sich und

Die Walbucht von Albany – Western Australia.

für uns: „Kann sein, alles ändert sich, aber für mich ist das zu spät. Ich bleibe hier auf dem Trockenen und erzähl den Leuten, wie's war."

Am späten Nachmittag fahren wir hinauf auf den Mount Laurence, sehen da unten die Walstation und die „CHEYNES IV" in Miniatur, sehen von fern einen Sturm kommen, von dem wir hoffen, daß er uns nicht erwischt. In der Nacht regnet es „cats and dogs" – Katzen und Hunde, wie sie hier sagen.

Der Kreis beginnt sich zu schließen. Von Albany nach Esperance geht es 500 Kilometer westwärts. Der South Coast Highway führt durch den Hassell National Park über Jerramungup, entlang am Fitzgerald River National Park über Ravensthorp nach Esperance, einen der schönsten Küstenabschnitte am Southern Ocean. Von der gepriesenen Schönheit war aber bei unserer Ankunft am frühen Nachmittag nichts zu sehen. Rein gar nichts. Tiefhängende Wolken, auf dem Wasser aufliegend, Nebel. Was wir filmen wollen, sind Farben, wie sie nur hier zu sehen sind, so hat man uns erzählt. Vielleicht morgen, bevor wir losfahren, das letzte Stück nach Norden bis Norseman, wo das Abenteuer „Nullarbor" beginnen soll.

Mit wem sind wir im Bunde? Der 38. Tag beginnt mit strahlendem Sonnenschein, glasklarer Luft über unbewegtem Wasser, 39 Grad Celsius. Es ist Montag, der 11. März 1996, mein Geburtstag.

Meine „senile Bettflucht" äußert sich darin, daß ich den Tag selten später beginne als 4.15 Uhr. Damit kann ich natürlich weder Gundel noch dem Rest des Teams kommen, aber heute schmeiße ich alle um 6.00 Uhr aus den Federn. Und wir sehen sie, diese Farben an der Küste von Esperance, derentwegen Menschen aus allen Teilen der Welt kommen. Es sind die unterschiedlichen Blautöne des Himmels und des Wassers, die verschiedenen Grün-

Die Farben von Esperance – an der Südküste von Western Australia.

töne des Meeresbodens und der Gräser und Büsche auf den Dünen, das vielfache Weiß des Strandes, da, wo er trocken und heiß ist, und da, wo die zurückgehende See ihn fest und feucht gepreßt hat. Das Rot und das Gelb der blühenden Bäume, Sträucher und Blumen, kilometerweit, endlos, so weit eben, wie das Auge reicht.

Wir müssen weiter, reißen uns los von dieser Orgie in Multicolor, zurück auf den Highway. Aber zuerst noch mal in die Stadt zum Tanken, Wasser fassen, wie üblich eben. Dann kommt Thomas. „Da drüben ist ein Typ mit einem Fahrrad, der fährt rund um die Welt mit dem Ding und spricht Deutsch. Der wäre was für ein Interview!"

Der junge Mann heißt Reto Bauer, kommt aus der Schweiz, sieht abenteuerlich aus, spricht das von mir heißgeliebte Schweizerdeutsch, lacht unablässig und ist zu einem Interview vor unserer Kamera sofort bereit. Auch dazu, hinter uns herzufahren, bis zu einem geeigneten Motiv.

„Aber erst muß ich Luft aufnehmen, Wasser tanken!"

Er hat ähnliche Sorgen wie wir. Peinlich genau kontrolliert er alles an seinem Rad, jede Tasche, jeden Riemen, die Pedale, die Klingel, den Dynamo und die Lampe. Wir beobachten ihn, stören nicht, warten bis er seinen Check-up beendet hat.

Am Strand, ein paar hundert Meter weiter, erfahre ich:

„Ja, jetzt bin ich bald drei Jahre mit dem Velo unterwegs."
„Und wie viele Kilometer waren das in drei Jahren?"
„Bis jetzt sind es über 35 000!"

32 000 Kilometer auf zwei Rädern – Reto Bauer, Koch aus der Schweiz, auf Welttour.

Auf dem Fahrrad! Mir kommen unsere 12 000 Kilometer bis hierher fast lächerlich vor. In luxuriösen Geländeautos.

„Ja, das geht schon ein bißchen schwerer mit dem Rad als ihr da mit euren Autos. Ich hab's mir auch leichter vorgestellt, als es manchmal ist."

„Woher kommst du?"
„Aus Frauenfeld bei Zürich."
„Und bis wohin soll es gehen?"

„Eigentlich rund um die Welt, Leute kennenlernen, andere Kulturen, das kann man auf dem Rad am besten."

„Wie das?"

„Da spielt sich halt alles auf der Straße ab und langsam. Es geht nicht so schnell wie mit dem Auto oder der Bahn oder mit dem Flugzeug."

„Wie lange willst du noch unterwegs sein?"

„Das weiß ich noch nicht. Kommt darauf an, wie lange das Geld reicht. Dann muß ich halt wieder heim, um neues aufzuhäufen."

„Hast du einen Beruf?"
„Koch bin ich, hab' lange gearbeitet und auf die Reise gespart."
„Wohin soll's von hier aus gehen?"
„New Zealand und dann nach Südamerika!"
„Langt dafür das Geld noch?"

„Bis jetzt reicht es noch. Und dann arbeite ich auch mal, wenn die Leute, die mit mir reden, erfahren, daß ich ein Schweizer Koch bin." Er lacht herzlich.

„Also, wenn die Leute erfahren, was du machst, mit dem Rad um die Welt, bewundern sie dich eher oder halten sie dich eher für verrückt?"

Reto lacht schallend. „Beides kommt vor, aber schon ein bißchen mehr, daß sie mich für verrückt halten!"

Ich hebe sein Fahrrad etwas an und lasse es sofort wieder runter, es ist ungeheuer schwer.

„Ich muß halt alles dabei haben, was ich vielleicht brauche."

Und Reto zählt auf, von der Apotheke bis zur Reparaturwerkstatt, von der Speisekammer bis zur Küchenausstattung, vom Wohn- bis zum Bade- und Schlafzimmer. Verteilt auf Gabel, Lenker, Satteltasche, Gepäckständer, Hinter- und Vorderrad, auf dem Rücken und am Gürtel.

„Wenn wir mit den Autos die lange Strecke fahren, spüren wie die Eintönigkeit der Landstraße, aber wir bewegen uns immerhin mit 110 km/h vorwärts. Wie empfindest du das auf dem Rad?“

„Ja, weißt du, manchmal möchte ich es schon ganz gern in die Ecke stellen, besonders, wenn ich viel Gegenwind habe.“

„Gibt's so eine Art Durchschnittsentfernung, die du dir pro Tag vornimmst?“

„Mein Schnitt sollte schon so an die hundert Kilometer ausmachen, sonst geht's ja nicht weiter.“

„Wolltest du den Drahtesel schon einmal wegschmeißen, seit du unterwegs bist?“

„Einmal hab' ich ihn schon weggeschmissen, aber nur weil der Rahmen gebrochen war. Jetzt fahr ich mit dem zweiten Rahmen. Aber wenn ich mal gar keine Lust mehr habe, dann mach' ich halt einfach eine längere Pause und danach denke ich mir, daß es noch so viele Kochtöpfe gibt, in die ich noch gucken möchte, dann geht's wieder weiter.“

Dazu wünschen wir dem Reto Bauer alles Gute, frischen seine Reisekasse auf, worüber er strahlend lacht.

„Danke vielmals, das reicht für die nächsten Wochen!“

Die Bemerkung ist ein überraschender Hinweis darauf, wie sparsam einer mit der Reisekasse umgeht, der mit dem Fahrrad um die Welt strampelt.

Trudi und Heinz Wegmann auf der Merivale Farm.

Trudis süße Geheimnisse.

Eigentlich wollen wir weiter, Richtung Norden nach Norseman, um uns für den nächsten Tag vorzubereiten, für die lange Fahrt durch den Nullarbor. Das Interview mit dem Globetrotter auf dem Rad hat aber länger gedauert, es ist Zeit für die Mittagspause. Irgendwie haben wir von einer Merivale Farm gehört, von einem deutschen Ehepaar bewirtschaftet, wo es besonders gute Torten und Kuchen, aber auch Gerichte wie Knackwürste, Bratkartoffeln, Rollmops und ähnliches geben soll. Zwar gute dreißig Kilometer in entgegengesetzter Richtung, aber das Wasser im Mund diktiert die Umstellung des Fahrplans, und wie gesagt: Es ist mein 69. Geburtstag. Also lade ich das Team auf Rollmops mit Bratkartoffeln, oder was immer sie wollen, ein, im tiefen Süden West-Australiens, in der Nähe von Esperance auf die Merivale Farm zu Trudi und Heinz Wegmann, ehemals Ferkelzüchter am Niederrhein.

Sanft zieht die Straße hinauf auf einen Hügel. Von oben bietet sich uns ein Bild wie in einem Märchen. Am Ende einer lange, breiten Allee mit hohen Eukalypten ein hübsches Haus unter Palmen, Agaven und blühenden Oleanderbäumen. Ein verwinkelter Garten mit quellender Blumenpracht, und um das alles herum mehrere

Parkplätze, auf denen eine stattliche Anzahl Autos in der Mittagssonne glüht.

Je näher wir dem Haus und der Gartenanlage kommen, desto verlockender werden die Düfte, die in unsere Nasen steigen.

Aus den verschiedenen Gartenabteilungen dringen fröhliche Stimmen, untermischt von Tellergeklapper und Bestecken.

Das „Torten- und Knackwurstparadies" auf der Merivale Farm.

Und dann finden wir eine Gaststätte, die an Gemütlichkeit jeden Vergleich aushält mit einem Wirtshaus im Spessart, einem Biergarten in Bayern, einem Heurigen in Grinzing, einer Weinstube im Schwarzwald mit Kuckucksuhr oder was sonst an gastronomischen Verführungsorten in unseren Breitengraden existiert. Nur Platz gibt es keinen, bis in den letzten Winkel, innen wie außen, sind alle Tische besetzt.

In einer Art offenen Wohnküche, hinter einer Theke mit einer atemberaubenden Anzahl köstlichster Torten, hantiert eine liebreizende Gestalt in Rüschenschürze. Der langen Schlange wartender Kunden erklärt sie mit geduldigem Lächeln, um was für eine Torte es sich handelt, welche Ingredienzen sie beinhaltet und was ein Stück der Köstlichkeit kostet. Mit geübter Hand schneidet sie nach getroffener Wahl ein mächtiges Dreieck aus dem süßen Rund, legt es auf den Teller, versieht es mit einem gewaltigen Berg Sahne, und das alles endet mit Schwung auf der hoch gelegenen Glasplatte der Ablage. Dabei entdeckt sie mich und traut ihren Augen nicht ganz.

„Das kann ja wohl nicht angehen“, sagt Trudi Wegmann, „oder sind Sie das doch?“

Ob wir bei ihr zu Mittag essen können mit Bratkartoffeln und Knackwurst?

„Na klar doch, ich sag' meinem Mann Bescheid, der soll einen Tisch aufstellen. Wollen Sie drinnen oder draußen essen?“

Wir wollen draußen. Bald biegt sich der Tisch unter den überdimensionierten Portionen und bestellen tun wir alles, was unsere deutschen Herzen lange entbehrt und unsere Australier noch nie gehört, gesehen oder gar gekostet haben.

Plötzlich haben wir keine Eile mehr. Ich ertappe mich bei dem angenehmen Gefühl, nach 13 000 Kilometern zu Hause angekommen zu sein, mit Freunden, denen ich begeistert demonstriere und erkläre, was es bei uns daheim an lang vermißten Köstlichkeiten gibt. Und unsere drei Australier genießen sichtlich, was Trudi und Heinz Wegmann zu bieten haben. Kreuz und quer werden die Teller über den Tisch gereicht: „Probier das mal, gib mir mal ein Stück von deinem da ...“, und keiner denkt daran, daß noch einige hundert Kilometer vor uns liegen, hinauf nach Norden, in die Nähe der Goldfelder von Kalgoorlie und Coolgardie, nach Norseman, der letzten Station vor dem Nullarbor.

„Ihr habt mich oft gefragt, was das Wort ‚Gemütlichkeit‘ bedeutet“, sage ich zu meinen kauenden Mitarbeitern, „jetzt wißt ihr’s, das, was ihr hier fühlt, ist Gemütlichkeit! Besser kann ich es euch nicht erklären.“

Robert ergreift die Initiative. „Wollen wir ein paar Aufnahmen machen?“

Ich rede mit Trudi Wegmann. „Na ja, der Hauptrummel ist ja vorbei“, sagt sie und wir bauen unsere Geräte auf. So erfahren wir die schier unglaubliche Geschichte dieser beiden so liebenswerten Immigranten, da unten, am südlichsten Punkt von West-Australien.

„Am Niederrhein hatten wir eine Ferkelzucht“, erzählt Trudi. Heinz Wegmann steht lächelnd daneben, hört zu, nickt ein paarmal aufmunternd und ist erkennbar froh, daß seine Frau dieses Interview übernimmt.

„Mein Mann wollte raus aus Deutschland und weg von den Ferkeln. Eine Schafzucht oder vielleicht auch Rinder wollte er haben. Also haben wir die Auswanderung beantragt. Das war damals, vor sechzehn Jahren, viel leichter als heute.“

„Aber wie kommt man auf die Idee, auf einer Schaffarm in West-Australien mit Knackwurst, Rollmops und Torten anzufangen?“

„Das war eigentlich nicht mehr als ein Hobby. Und auf einer Farm gibt es immer Besucher, denen schmeckte mein Kaffee so gut, daß sie immer wiederkamen, da hab ich denen halt auch mal was gebacken. Kekse und Plätzchen und so was. Aber Torten kannten sie hier überhaupt nicht. Ganz verschämt hab ich mal eine gemacht und auf die Ecke gestellt, da waren sie ganz begeistert und wollten wissen, wie man so was macht. Ich hab’s ihnen erklärt und wie viele verschiedene Torten man machen kann. Na ja, und dabei haben wir auch über andere Spezialitäten geredet, die man in Deutschland gerne ißt. Die hab' ich dann für unsere Freunde auch mal gekocht."

„Und daraus hat sich der Ruf der Merivale Farm entwickelt, das beste Restaurant an der Südküste zu sein?"

„Nein, das war alles nur ganz nebenbei, wir hatten ja fast 15 000 Schafe und genug damit zu tun. Aber es kamen doch immer mehr Leute, die sich was an den Strand mitnehmen wollten. So 'ne Art ‚take-away' für Torten, von denen ich immer andere und immer mehr machte. Aber so vor zehn Jahren, ja, das war wohl so", sagt Trudi nachdenklich, „da fielen auf einmal die Wollpreise in den Keller, und wir hatten große Sorgen."

Heinz Wegmann sieht seine Trudi an, nickt und lächelt. Er ist sehr stolz auf sie.

„Eines Tages sagte mein Mann zu mir: ‚Du kannst doch so gut backen, vielleicht können wir uns damit über die Runden helfen?'

Dann haben wir inseriert: Auf der Merivale Farm gibt es deutsche Küche – und die Leute kamen. Und bald kamen sie in Scharen."

Jetzt übernimmt Heinz Wegmann: „Also manchmal wünschen wir, wir hätten das nicht angefangen. Wenn die Familien aus der Gegend der Goldfelder von Kalgoorlie und Coolgardie in den Ferien hier anrücken, wissen wir nicht mehr, wohin mit ihnen und woher das Zeug nehmen. Eigentlich müßten wir hier vergrößern."

Trudi zuckt die Schultern. „Nein, eigentlich ist das schon groß genug, aber wir können's wohl nicht aufhalten."

„Pink Lake" – der rosa Salzsee bei Esperance – Western Australia.

„Wie viele Gäste haben Sie denn am Tag?"

„Letztes Jahr waren es 35 000 und wenn es so weitergeht, werden es dieses Jahr sicher weit über 40 000."

„Es läßt sich wohl gar nicht vermeiden", meint Trudi.

Ich freue mich auf meinen nächsten Besuch bei Trudi und Heinz Wegmann. Vielleicht hilft unser Film und das Buch, die von den beiden erwartete Umsatzsteigerung noch schneller zu erreichen als erwartet.

Der Tag endet wesentlich später als geplant im „Eyre Motel" von Charles und Lorraine Hoar in Norseman, wo mich das Team mit einer Geburtstagsparty überrascht. Ein guter Tag.

Was einem so alles in den Weg kommt – Kamel, Wombat, Känguruh.

m

Dienstag, 12. März 1996, 39. Tag. Eine gewisse Spannung macht sich breit. Wieso eigentlich? Nichts Aufregendes liegt vor uns. Ab jetzt heißt es nur noch fahren, fahren, fahren. Das bedeutet, Mensch und Motor müssen spuren, funktionieren, intakt sein. Vielleicht ist es das, was uns ein bißchen wie Rennpferde am Start scharren läßt, vielleicht ist es aber auch die „Stallwitterung", denn ab jetzt geht es in östlicher Richtung heimwärts.

„Warnung" steht auf dem Straßenschild am Ortsausgang von Norseman, „kontrollieren Sie Ihren Wasservorrat und Ihre Ausrüstung!" Zwischen Norseman und Ceduna, an die 1400 Kilometer, gibt es nicht viel, was in einer Notsituation helfen könnte. Unser Tagesziel ist Eucla, 700 Kilometer fast schnurgerader Weg. Was uns da in den Weg kommen kann, sind Road Trains, also aufgepaßt. Daß uns einer dann doch beinahe erwischt, mag an eben dieser Stallwitterung liegen, die uns befallen hat. Robert setzt sich nach einem Tankstopp ans Steuer und prescht los. Der Road Train ist auf einmal dicht hinter ihm, sein Überlandhorn brüllt los, und es fehlt nicht viel, daß er den Winzling vor sich auf die gewaltigen Stoßstangen nimmt. Der Schreck fuhr wohl unmittelbar in Roberts rechten Fuß und mit einem Kickdown aktiviert er die 224 PS der 4,6-Liter-Maschine zu einem Satz vorwärts. Ein Blick in den Rückspiegel – um Haaresbreite.

Wer die Fahrer dieser Giganten kennt, weiß, daß sie bei so was keine Gnade kennen, nicht locker lassen, und außerdem wissen sie, daß ihnen auf dieser Strecke keiner entkommt. Ich erfahre das alles erst später, bei einem Drehstopp am „Great Australian Bight", der gewaltigen Steilküste am Ozean. Bis zu einer Abzweigung vom Highway blieb der Road Train mit 120 km/h hinter Robert, der wußte, daß der Fahrer nicht locker lassen würde, bis er ihn irgend-

Fahrt durch den „Nullarbor". „The Great Australian Bight" am Großen Ozean – South Australia.

wo zu fassen bekommt. Erst als er vom Highway abbiegt, gibt der Gigant auf und braust mit Volldampf und ohrenbetäubendem Gehupe weiter. Ein paar Stunden später, an der nächsten Tankstelle, findet die Geschichte ein glimpfliches Ende. Robert war mit Brendon und Stewart vorausgefahren, wir legten verschiedene Stopps für Fotos ein. Straßenschilder mit Hinweisen auf Tierwechsel oder darauf, daß dies die längste gerade Strecke Australiens ist oder, daß die nächsten vier Kilometer als Lande- und Startbahn für Flugzeuge aller Art dienen. Als wir, wie verabredet, uns beim nächsten Road House zum Essen treffen, finden wir unsere Kollegen nicht im Restaurant, wo an gedeckten Tischen serviert wird, sondern nebenan in der Snackbar mit Selbstbedienungs-Junk-food.

Endlose Weite ...

„Was soll der Quatsch“, maule ich, „ich will was Richtiges essen und an einem gedeckten Tisch sitzen!“

Während Brendon und Stewart verlegen grinsen, scheint mir Robert etwas blaß um die Nase.

„Das traue ich mich nicht, da drüben sitzt der Fahrer vom Road Train, dem ich in die Quere gekommen bin. Ich bleibe lieber hier und behalte meine heilen Knochen.“

Also demonstrieren wir Teamgeist und bleiben zusammen, aber sehen will ich den Ritter der Landstraße doch. Ein Blick genügt, um für Robert vollstes Verständnis zu haben. Da sitzen gute zwei Meter mit einem geschätzten Kampfgewicht von 120 Kilo.

Verständlich, daß Robert diesem Koloß kein zweites Mal vor den Bug geraten möchte. Dafür verzichte ich gerne auf Suppe und Steak und bin mit einem Käsesandwich zufrieden.

Dieses „Nullarbor Roadhouse" ist quasi der „Point of no return". Nach beiden Himmelsrichtungen sind es an die 2000 Kilometer bis zur nächsten Hauptstadt, Perth im Westen und Melbourne im Osten.

Zurück in der Zivilisation. Port Augusta – South Australia.

SOUTH AUSTRALIA

South Australia

Wir durchfahren zwei Zeitzonen, gewinnen eineinhalb Stunden und überqueren die Staatsgrenze von West-Australien nach Süd-Australien. Am Abend erreichen wir den kleinen Ort Ceduna. Einzige Attraktion: eine in den Ozean gebaute Landungsbrücke, von der wir einen farbenprächtigen Sonnenuntergang vor die Kamera bekommen. Ein tropischer Zyklon mit dem Namen „Kersty" taucht den Himmel in pastellfarbenes Licht. Am Ende der Landungsbrücke eine Gruppe von Aborigine-Kindern, die uns argwöhnisch beobachten, was wir mit Kamera und Tongerät treiben. Einer traut sich heran, fragt, ob wir ‚television' sind. Ich erkläre ihm, was wir machen, frage, ob sie für uns ins Wasser springen. Die Meute reiht sich auf, wie Spatzen sitzen sie auf der Holzbrüstung nebeneinander und wie in einer gut einstudierten Nummer schnellen sie einer nach dem anderen mit Gekreische hinunter ins glasklare Wasser. Mit Fuß oder Kopf voran, mit Salto vorwärts und rückwärts, mit frei erfundenen Figuren für die Bruchteile von Sekunden zwischen Absprung und Eintauchen.

„Wofür macht ihr das?" will einer wissen.

„Für einen Dokumentarfilm für das deutsche Fernsehen!"

„Was ist das?"

„Weißt du, was Germany ist?"

„Gehört hab ich das schon mal, aber keine Ahnung, wo das ist."

Donnerstag, 14. März 1996, 41. Tag. Auf unserer Liste steht nicht mehr viel. Wenn nichts Außergewöhnliches mehr geschieht,

Die Kinder von Ceduna.

Seht her ... wir baden – Die Kinder von Ceduna.

Landungsbrücke von Ceduna – South Australia.

Rathaus von Port Augusta – South Australia.

werden wir die Umrundung des Kontinents in Rekordzeit beenden. Möglicherweise in weniger als 50 Tagen. Wer hätte das geglaubt. An die 2000 Kilometer liegen noch vor uns, Städte wie Port Augusta, Adelaide, Mount Gambier und Geelong warten auf uns. Eigentlich nur noch Geelong, denn dort haben wir eine feste Verabredung mit einem Mann namens Steve Vizard, Top-Star des australischen Fernsehens, Entertainer ebenso wie Rechtsanwalt und Besitzer einer Großfarm mit wissenschaftlicher Versuchsstation für künstliche Besamung von Schafen.

Erster Stopp also in Port Augusta, Eisenbahnknotenpunkt für die Fernzüge „The Ghan" zwischen Adelaide und Alice Springs. Mit dem „Indian-Pacific" waren wir ja schon unterwegs, dreieinhalb

„The Ghan“ – Luxuszug von Port Augusta, South Australia, nach Alice Springs, Northern Territory.

Tage, über 4500 Kilometer von Sydney nach Perth. Ein Abenteuer der besonderen Art.

Hier in Port Augusta treffen wir auf dem Bahnhof ein amerikanisches Filmteam, auf dem Weg zum heiligen Berg Uluru im roten Herzen des Kontinents. Und plötzlich sind wir umringt von einer Gruppe von 60 Schweizern, die fast alle TERRA AUSTRALIS gesehen haben. Das macht Freude.

15. März 1996, 42. Tag, die Großstadt ruft. Adelaide, Hauptstadt Süd-Australiens. Der Weg dorthin führt durch schier endlose Weizenfelder, die den Eindruck vermitteln, als könne dieses Land den Rest der Welt ernähren. Nach 350 Kilometern taucht Adelaide in der Ferne auf wie ein Schemen, verhüllt von einem dunklen

Terry Beltrami, Manager von Penfolds Magill Estate – Adelaide – South Australia.

Sandsturm. Angekündigt sind wir in einer der größten Weinkellereien Australiens – „Penfolds Magill Estate". Daß hier einer der besten Rotweine und mit Sicherheit der teuerste je in Australien entwickelte Wein produziert wird und wurde, das alles erklärt uns der Geschäftsführer Terry Beltrame in beredten Worten. Der deutsche Max Schubert wurde hier als Weinmacher weltberühmt. Und hier war es, wo die als Kind blind und taub gewordene, amerikanische Schriftstellerin Helen Keller ihre weltweit bewunderte Leistung vollbrachte. Als sie 1948 Penfolds besuchte, führte man sie zu dem größten Faß im riesigen Kellergewölbe. Sie ließ sich die Dicke des Holzes sagen und die Höhe des Fasses. Dann umschritt sie das gewaltige Gefäß, wobei sie mit ihren beiden Händen von Spanne zu Spanne den Umfang errechnete. Danach zog sie einen hölzernen Rechenschieber mit Kugeln aus ihrer Handtasche, schob die Kugeln der verschiedenen Reihen hin und her und sagte nach kurzer Zeit: „In diesem Faß müssen 49 000 Liter sein.“ Dieses Faß trägt eine silberne Platte mit ihrem Namen und dem Datum des denkwürdigen Tages. Es faßt genau 50 000 Liter.

Adelaide, Hauptstadt von South Australia.

Samstag, 16. März 1996. Adelaide feiert. Wir wissen nicht, was, aber es ist gewaltig was los. Das Wetter wird immer schlechter, dem Festival scheint das nichts anzuhaben. Die ganze Stadt ist auf den Beinen, am wolkenverhangenen Himmel platzen Raketen ihre Farben in die Nacht, Rauchschwaden zerreißt der Sturm über der Stadt.

Und auch der neue Tag ist naß und grau. Nichts zu sehen von der sonnigen Heiterkeit, mit der die freien Siedler in der Mitte des 19. Jahrhunderts ihre neue Stadt gegründet haben. Vornehmlich deutsche und französische Weinbauern, die knapp eine Autostunde nördlich der City Australiens berühmtestes Weinbaugebiet begründet haben, das Barossa Valley. Dort hält sich auf und genießt, wer sich mitten auf dem fünften Kontinent fühlen will, als sei er irgendwo im Badischen, am Rhein, an Mosel, Saar

Adelaide Festival – Die Big Band der Royal Australian Airforce.

oder Ruwer, im Frankenland oder sonstwo in Europa, wo man zelebriert, was Leib und Seele zusammenhält. Da nun mal die Deutschen in der Überzahl sind, heißt das größte Fest des Jahres „Oktoberfest", wird in Hahndorf gefeiert und steht dem großen Bruder in München gar nicht so viel nach – im Verhältnis zumindest.

Sonntag, 17. März 1996, Tagesetappe 450 Kilometer nach Mount Gambier. Es ist regnerisch kalt, von der Stadt kaum was zu sehen, vielleicht haben wir auch nur keine Lust, was zu finden. Wir konzentrieren uns auf Geelong und auf den Endspurt.

Montag, 18. März 1996, knappe 500 Kilometer bis Geelong. Die Fahrt führt durch riesige Waldgebiete, Forstindustrie mit zwanzig- bis vierzigjährigem Bestand für die am Weg liegenden Sägewerke.

Die ganze Gegend riecht nach Holz. Wir erreichen Geelong, 90 Kilometer westlich von Melbourne, gegen 19.00 Uhr. Im Hotel finde ich einen Berg von Unterlagen über die modernste Wollkämmerei der Welt, die GWC – „Geelong Wool Combing", unser letzter Halt auf der Reise um den australischen Kontinent.

Die Kathedrale von Adelaide.

Dienstag, 19. März 1996, vorletzter und 46. Tag. Um 9.30 Uhr pünktlich fahren wir in das Gelände der GWC ein. Auf den ersten Blick wird klar, daß es sich um einen Fertigungskomplex der Zukunft handelt. Industrie-Ästhetik vom Allerneuesten und Allerfeinsten. Vor dem Empfangsgebäude drei Masten mit drei Fahnen – die des Staates Victoria, das Southern Cross Australiens und die Fahne der Bundesrepublik Deutschland.

Die Geelong-Wollkämmerei ist ein rein deutsches Unternehmen, eine 85-Millionen-Dollar-Investition der Bremer Wollkämmerei. Und die ist in dieser Branche das zweitgrößte Unternehmen der Welt.

Fasziniert verfolgen wir den Produktionsweg, von der ungereinigten Wolle, wie sie von den Farmen angeliefert wird, bis zur Verpackung des Endprodukts, schneeweiße, seidenweiche Wolle, das Beste, was Australien zu bieten hat.

Auf der Scherstation von Steve Vizard's Roxby Park Farm in Geelong – Victoria.

Am Nachmittag erreichen wir die 2500 Hektar große „Roxby Park Farm“ von Steve Vizard. Ein prachtvolles Landhaus im Federation-Stil, umgeben von kurzgeschnittenem Rasen, den weiße Kieswege durchziehen. Auf der Vorderseite der das ganze Haus umlaufenden, gedeckten Terrasse ein langer, reich gedeckter Tisch für vielleicht zwanzig Personen. Steve Vizard erwartet also nicht nur uns.

Der vorletzte Drehtag beschert uns ausgesprochenes Produzentenglück. Gerhard Harder, Vorstandsvorsitzender der Bremer Wollkämmerei, ist zu Besuch auf der Roxby Park Farm. Bereitwillig stellt er sich zum Interview. „Unsere Verbindung zur Roxby Park Farm und zu Steve Vizard ist eine verrückte Geschichte. Vor Jahren gab das Sydney-Symphonie-Orchester ein Konzert bei uns in Bremen. Unter den Gästen war auch die Frau des damaligen australischen

Steve Vizard (r) – Anwalt, Farmer und Superstar. Roxby Park Farm, Geelong – Victoria.

Premierministers Paul Keating. Wir schilderten ihr unsere geschäftlichen Beziehungen zu Australien, die vornehmlich darin gipfelten, daß wir zehn Prozent der gesamten Wolle des Landes kauften. In Zahlen waren das jedes Jahr 45 000 Tonnen oder etwas anschaulicher, die Wolle von 45 000 Schafen pro Tag. Diese beachtliche Menge verarbeiteten wir ausschließlich in unserem Werk in Bremen. Der Tradition des berühmten australischen Wollplatzes Geelong entsprechend hatten wir die Absicht, eben dort, an Ort und Stelle, eine moderne Wollkämmerei zu errichten, um diese Tradition fortzusetzen. Frau Keating war von dieser Idee begeistert und versprach, nach ihrer Rückkehr ein Gespräch am runden Tisch zu organisieren, zum Gedankenaustausch mit Leuten, die in Australien was zu sagen haben. Unter denen war dann auch Steve Vizard. Was aus dem Gespräch damals wurde, haben Sie gestern gesehen. Die Geelong Wool Combing ist der modernste Betrieb seiner Art in der Welt, und wir sind mit unserer Investition sehr zufrieden. Steve Vizard, dessen Wolle von 15 000 Schafen wir zur Gänze hier bei der GWC verarbeiten, ist für uns nicht nur als Schafzüchter wertvoll, sondern vor allem auch als Gründer einer Stiftung, die sich intensiv mit der Aufzucht durch künstliche Befruchtung befaßt. Selbstverständlich kommt seine enorme Popularität in Australien all dem sehr zugute."

„Er ist für Sie also so was wie ein Leithammel?"

Gerhard Harder überlegt eine Sekunde, ob er den Vergleich wohl für passend hält und nickt. „Genau!"

Danach sitze ich dem „Leithammel" gegenüber. Groß, schlank, kurzes, lockiges Haar, in seiner Ausstrahlung Typ Thomas Gottschalk. Er versteht etwas Deutsch und beginnt das Interview.

„Mustering" – Schafbetrieb auf der Roxby Park Farm von Steve Vizard.

„Ich habe gehört, du hast mich einen Rammler genannt!"

So hat er den Leithammel übersetzt.

„Vielleicht hast du recht! Ich habe trotz mehr als 2000 Fernseh-Talkshows, die nachts produziert werden, immerhin vier Kinder! Und das ist bestimmt kein Resultat unserer Bemühungen auf dem Gebiet der künstlichen Befruchtung."

„Willst du Beifall", grinse ich, „schon während meiner ersten Tage in Australien, 1982, warst du ein Begriff für mich. Mit Vergnügen habe ich deine mitternächtlichen Talkshows gesehen. Deine lockeren Sprüche machten am nächsten Tag oft Schlagzeilen. Warum hast du das aufgegeben?"

Steve Vizard lacht. „Ganz einfach! Als ich beim ungefähr 5000. Interview mit einer international bekannten Modedesignerin auf offener Szene eingeschlafen bin, wußte ich, daß es Zeit war, aufzuhören."

„Und jetzt beschäftigst du dich nur noch mit Wolle?"

„Nicht ausschließlich. Wie Du weißt, bin ich Anwalt, ich liebe es, zu schreiben, und ich produziere nach wie vor Fernsehshows. Aber eins meiner Hauptanliegen ist, mit meiner Stiftung meinem Land etwas von dem zurückzugeben, was es mir an Popularität gegeben hat. Ich will, daß es auf der Welt keine bessere Wolle gibt als die australische. Dazu haben wir ‚Rams' – Leithammel, wie du gesagt hast – aus der ganzen Welt hierhergeholt, um durch Kreuzungen das denkbar beste Resultat zu erreichen."

Und dann führt er uns hinaus, auf die endlosen Weiden seiner Farm, wo berittene „Stockmen" die Herden zusammentreiben, zeigt uns in einem der „Shearing-sheds", mit welchem Geschick die Schafe vom Vlies befreit werden, und läßt keinen Zweifel daran, mit welchem Engagement er bemüht ist, diesen landwirtschaftlichen Großbetrieb erfolgreich zu führen.

Inzwischen regnet es wieder mal „cats and dogs", und außerdem wird es empfindlich kalt. Eine halbe Stunde später sitzen wir in seinem Arbeitszimmer am hell lodernden Kamin. Und vorgestern waren es noch knapp 40 Grad Celsius. Das Kaminfeuer spiegelt sich im Glas mit köstlichem Rotwein, den Steve Vizard zum Abschied kredenzt.

„Und nie mehr selbst vor der Kamera, das wäre doch schade", versuche ich ihn zu locken.

„Ach, weißt du", grinst er und dreht sein Glas in Richtung Kamin, „sag niemals nie! Aber zur Zeit wüßte ich nicht, womit ich noch mal einsteigen wollte."

„Ich wüßte was", sage ich und während ich ihm die Konzeption von ‚Wetten daß ...' schildere, werden seine Augen sehr groß und aufmerksam. „Das klingt gut, das würde ich gerne mal sehen!"

Mittwoch, 20. März 1996, 47. und letzter Drehtag. Die Sonne scheint, vor uns liegen die letzten 90 Kilometer von Geelong nach Melbourne, über den achtspurigen Princes Fairway, durch die westlichen Vororte der Hauptstadt von Victoria, in den Hafen der Hobsons Bay, an die Anlegestelle der „Spirit of Tasmania", genau an den Punkt, wo vor 47 Tagen unsere Fahrt begonnen hat.

Das Team – oben v.l.n.r.: Robert Heazlewood, Joachim Fuchsberger, Gundula Fuchsberger, Thomas Fuchsberger. Unten v.l.n.r.: Brendon Leonhard, Steward Long.

Die „Schlußklappe“ nach 47 Tagen und 16 207,08 Kilometern rund um Australien – auf dem Highway 1.

LASCO

Zum letzten Mal hievt Robert Heazlewood die Kamera auf die Schulter, schaltet Brendon Leonard sein Tongerät ein, hält Stewart Long die Blende gegen die Sonne und mit meinem letzten Kommentar soll auch dieses Buch enden:

„So, da wären wir! Gestern, im strömenden Regen auf der Roxby Park Farm, dachten wir: Grau wie der Himmel liegt vor uns die Welt, zum Abschiednehmen genau das richtige Wetter. Aber heute kam die Sonne doch noch einmal zum Vorschein, unser unbeschreibliches Wetterglück ist uns treu geblieben bis zum letzten Tag, und der ist heute. Hier in Melbourne schließt sich der Kreis, nach 47 Tagen und 16 207 Kilometern unterwegs auf dem Highway 1.

Schön, daß Sie dabei waren.